助您轻松考取名校学历

行政组织理论

XINGZHENGZUZHILILUN

◎主　编：尚德机构学术中心

◎编委会：欧　蓬　刘通博　夏　俊　程昕辉

◎编　者：刘　阳　卢　璐　孙　涛　段雪翠

（2020 年版）

课程代码：00319

图书在版编目（CIP）数据

行政组织理论 / 尚德机构学术中心主编． — 北京：企业管理出版社，2020.7

ISBN 978-7-5164-2182-6

Ⅰ．①行… Ⅱ．①尚… Ⅲ．①行政管理－组织管理学 Ⅳ．①D035

中国版本图书馆 CIP 数据核字（2020）第 126783 号

书　　名：行政组织理论

主　　编：尚德机构学术中心

责任编辑：蒋舒娟

书　　号：ISBN 978-7-5164-2182-6

出版发行：企业管理出版社

地　　址：北京市海淀区紫竹院南路17号　　　邮编：100048

网　　址：http://www.emph.cn

电　　话：编辑部（010）68701661　发行部（010）68701816

电子信箱：26814134@qq.com

印　　刷：河北宝昌佳彩印刷有限公司

经　　销：新华书店

规　　格：787毫米 × 1092毫米　16开本　13.5印张　278千字

版　　次：2020年7月第1版　2020年7月第1次印刷

定　　价：42.00元

前言

知己知彼——了解《行政组织理论》

行政组织理论是全国高等教育自学考试行政管理专业本科段课程。主要研究的对象是狭义的行政组织，即根据相关的宪法和法律程序建立的、行使国家行政权力、管理社会公共事务的政府组织机构实体。

本书共有十三章，主要内容包括行政组织的历史演变、理论发展、静态的组织实体、动态的组织管理与变革等。

衷心希望应试者在完成本书的学习后，能对行政组织有更加深入的认识与理解，并顺利地通过考试。

全书思维导图

全书思维导图为读者呈现了本书的整体知识脉络，通过导图读者可以清晰地了解每章需要掌握的主要知识点。学习的过程是对框架充实的过程，犹如亲手为树干添加一片片绿叶，是树干的收获也是读者的收获。同样，对于考前复习来说，导图是功不可没的。沿着框架，以点带线，由线及面，能够帮助读者快速地将知识点串联起来，一本书由厚变薄，知识点就都装进读者脑中了。

- 行政组织理论
  - 第一章 绪论
    - 第一节 组织与行政组织
    - 第二节 行政组织理论的研究内容和学科性质
    - 第三节 行政组织理论的研究方法和意义
  - 第二章 行政组织的演变
    - 第一节 外国行政组织的演变
    - 第二节 中国行政组织的演变
  - 第三章 科层制组织理论
    - 第一节 科层制组织理论的产生
    - 第二节 科层制组织的特征与要素
    - 第三节 科层制组织理论的主要思想
    - 第四节 科层制组织的实践困境与理论发展
  - 第四章 人本主义组织理论
    - 第一节 人本主义组织理论的产生
    - 第二节 人本主义组织理论的主要思想
    - 第三节 人本主义组织理论简评
  - 第五章 网络型组织理论
    - 第一节 网络型组织理论的产生
    - 第二节 网络型组织的特征与要素
    - 第三节 构建网络型政府组织
  - 第六章 行政组织目标
    - 第一节 行政组织目标概述
    - 第二节 行政组织目标的结构与类型
    - 第三节 行政组织的外部目标与内部目标
    - 第四节 行政组织目标管理
  - 第七章 行政组织结构
    - 第一节 行政组织结构概述
    - 第二节 行政组织的纵向结构
    - 第三节 行政组织的横向结构
    - 第四节 管理层次与管理幅度的关系
  - 第八章 行政组织体制
    - 第一节 行政组织体制概述
    - 第二节 集权制、分权制与均权制
    - 第三节 首长制、委员会制与混合制
    - 第四节 完整制与分离制
    - 第五节 名誉市长制与市经理制
    - 第六节 行政组织类型
  - 第九章 行政组织的设置与自身管理
    - 第一节 行政组织设置的指导思想和原则
    - 第二节 中国行政组织设置的原则
    - 第三节 行政组织自身管理的一般方法
    - 第四节 中国行政组织自身管理的方法
  - 第十章 组织激励
    - 第一节 组织激励理论的产生
    - 第二节 组织激励的主要思想
    - 第三节 组织激励的特质与功能
  - 第十一章 创建学习型组织
    - 第一节 学习型组织理论的产生
    - 第二节 学习型组织的建立与发展
    - 第三节 创建学习型政府组织
  - 第十二章 政府流程再造
    - 第一节 政府流程再造概述
    - 第二节 政府流程再造的组织与实施
    - 第三节 中国政府流程再造的实践
  - 第十三章 行政组织改革
    - 第一节 当代美国行政组织的改革
    - 第二节 当代英国行政组织的改革
    - 第三节 当代日本行政组织的改革
    - 第四节 当代中国行政组织的改革

目录

第一章　绪论

狭义的行政组织是指国家的行政机关，即根据宪法和法律组建的、体现统治阶级的意志、行使行政权力、执行行政职能、推行政务、管理国家公共事务的机关体系，是国家权力的执行机关。

通过学习本章内容，同学们要了解行政组织的性质，理解行政组织的功能，并掌握行政组织的基本要素。

第一节　组织与行政组织

知识点 1

组织与行政组织概述☆☆

1. 组织的含义

（1）两个以上的人、目标和特定的人际关系这三种要素构成的一种特殊人群体系被称为组织，如团党组织、工会组织等。

（2）组织是社会的细胞、社会的基本单元，是人们实现共同目标的工具。

2. 行政组织的含义

（1）广义的行政组织：各种为达到共同目的而负有执行性管理职能的组织系统。

（2）狭义的行政组织：国家的行政机关，即根据宪法和法律组建的、体现统治阶级的意志、行使行政权力、执行行政职能、推行政务、管理国家公共事务的机关体系，是国家权力的执行机关。狭义的行政组织是社会组织中规模最大的组织。

3. 行政组织的基本要素

（1）物质要素。

①人员：主体、核心。

②经费：是维持行政组织运行与发展不可缺少的因素。

③物资设备：是行政组织赖以生存和发展的物质基础。

（2）精神要素。

①目标：是组织赖以产生、发展的基础和原因，是组织存在的灵魂和前进的方向。

②权责结构：形成组织纵向层级和横向部门体系的基础，是组织分工、组织法规与组织纪律的实际体现。

③人际关系：对实现组织目标具有不可忽视的作用。

名师解读

（1）行政组织即行政机关。广义的行政组织包括行政机关和其他公共组织，如妇联、居委会、医疗机构等；狭义的行政组织即是行政机关。行政组织理论这门课程研究的就是狭义的行政组织（行政机关）。

（2）行政组织的基本要素分为两大类：物质要素和精神要素。

物质要素的主体、核心是人员，就好比一辆汽车的主体、核心是发动机，如果没有发动机，汽车便无法行驶，也就失去了其存在的意义。精神要素中目标是灵魂、方向，是组织赖以产生、发展的基础和原因。例如，要解决财政问题，便要建立一个财政组织，建立组织的目的就是解决问题，而解决问题就要有目标。

真题小练

单选题

1.（2017 年 10 月 全国）下列要素中，属于组织产生、发展的基础和原因，同时也是组织存在的灵魂的是（　　）

A. 人员　　B. 经费

C. 目标　　D. 权责关系

答案及解析：C。行政组织是根据一定目标设立的，其一切活动都是围绕着组织目标进行的。目标是组织赖以产生、发展的基础和原因，是组织存在的灵魂，是组织前进的方向。

2.（2016 年 4 月 全国）行政组织的基本构成要素中，主体和核心要素是（　　）

A. 经费　　B. 机构

C. 目标　　D. 人员

答案及解析：D。在行政组织的物质性要素方面，首先是人。人员是行政组织的主体、核心。

小试牛刀

单选题

1. 社会组织中规模最大、管辖范围最广的是（　　）

A. 企业组织　　B. 事业组织

C. 政党组织　　D. 狭义的行政组织

答案及解析：D。狭义的行政组织是社会组织中规模最大的组织；其管辖的范围涉及社会生活的各个方面、各种领域、各个团体。

多选题

2. 下列选项中，属于行政组织精神要素的有（　　）

A. 目标　　B. 权责结构

C. 人际关系　　D. 人员

E. 经费

答案及解析：ABC。行政组织的基本要素有两类：物质要素（人员、经费和物资设备）；精神要素（目标、权责结构和人际关系）。

文字题

3. 简述行政组织的含义。

答案：

（1）行政组织有广义和狭义之分。

（2）广义的行政组织是指各种为达到共同目的而负有执行性管理职能的组织系统。它既包括各类企事业单位、群众团体、政党中的负有管理职能的组织系统，也包括国家机关中的立法、司法系统中负有执行性职能的各类单位和国家的整个行政机关。

（3）狭义的行政组织是指国家的行政机关，即根据宪法和法律组建的、体现统治阶级的意志、行使行政权力、执行行政职能、推行政务、管理国家公共事务的机关体系，是国家权力的执行机关。

知识点 2

行政组织的一般性质☆☆

1．行政组织的一般性质

（1）静态的组织结构：职位是行政组织的基本要素和细胞；职能目标是行政组织职位配置的出发点和归宿；行政组织结构是行政组织最明显的外在表现。

（2）动态的组织过程：行政组织如何发挥组织功能，实现组织目标。

（3）生态的组织环境：社会环境等对行政组织的影响。

（4）心态的组织意识：组织内人员的情感、人格、价值观等。

2．行政组织的特殊性质

（1）政治性：行政组织的核心。行政组织是国家意志的体现者，国家职能的核心是维护统治阶级的利益。

（2）社会性：行政组织的基础。

（3）权威性：强制服从是行政组织权威性的突出特征。

（4）法治性：依法行政是行政组织从事各项行政活动的一个显著特点。

（5）系统性：行政组织是由若干要素按照一定的目标结构、层次结构、部门结构、权力结构组成的职责分明、协调有序的有机整体。

（6）服务性：这只是现代行政组织的特征，行政组织必须具有不断创新的观念。

3．行政组织与其他社会组织的区别

（1）管理对象不同。

（2）为社会所提供的服务内容不同。

（3）活动的依据不同。

（4）活动的目的不同。

名师解读

行政组织的一般性质分为四个部分。

①静态部分，研究组织的结构是什么，如它有多少职位，目标是什么。

②动态部分，研究一个组织是如何变化、调整和实现自己的目标。

③生态部分，在一个组织的内部或外部，有各种各样的因素在影响它，这些因素共同构成了组织环境。

④心态部分，在一个组织内部，人员是怎样想的。

真题小练

单选题

1.（2016 年 4 月 全国）行政组织最明显的外在表现是（   ）

A. 静态的组织结构　　B. 动态的组织过程

C. 心态的组织意识　　D. 生态的组织环境

答案及解析:A。行政组织是社会各类组织中的一种,与其他组织一样,其性质包括四个方面:静态的组织结构;动态的组织过程;心态的组织意识和生态的组织环境。其中静态的组织结构是行政组织最明显的外在表现。

2.（2014 年 10 月 全国）行政组织的核心性质的是（   ）

A. 社会性　　B. 阶级性

C. 法治性　　D. 系统性

答案及解析:B。社会性是行政组织的基础,阶级性是其核心。新教材中政治性等同于阶级性。

小试牛刀

单选题

1. 从静态角度看，行政组织的基本元素和细胞是（   ）

A. 权责关系　　B. 职能　　C. 目标　　D. 职位

答案及解析:D。从静态的角度看，行政组织是一个完整的实体，它是由按照职能目标分工、权力指挥关系、责任归属、工作程序设置的各个层级、各类部门、各个职位等所共同构建的一个完整体系。其中，职位是行政组织的基本元素和细胞，职位之间的权责关系构成了整个行政组织的结构。

文字题

2. 行政组织功能的一般性质主要表现在哪些方面。

答案:

（1）静态的组织结构。

（2）动态的组织过程。

（3）生态的组织环境。

（4）心态的组织意识。

行政组织的功能☆☆

1. 行政组织功能的含义

行政组织功能，即作为国家行政管理主体的各种行政组织，在依法管理社会公共事务的过程中所具有的独特作用。

2. 行政组织功能的内容（见图 1-1）

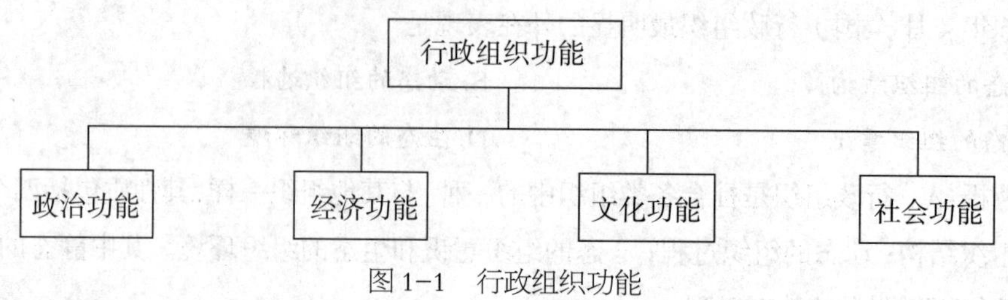

图 1-1　行政组织功能

3. 行政组织功能的特点

（1）广泛性与有限性。

由于行政组织承担着促进以经济发展为中心的社会全面发展的任务，因此行政组织的功能范围必然涉及国家政治与社会生活的各个方面，它包括外交、国防、文化等诸领域。从这个意义上说，行政组织功能具有无所不包的广泛性。

行政组织的有限性表现如下所述。

①行政组织功能发挥的领域和程度要以社会需要为限。

②凡是私人生活领域，只要不触犯刑律，行政组织就不应干预。

③行政组织功能发挥要以法律为依据。

④行政组织自身的能力也是有限的，它不可能永远正确，也没有力量对社会事务包揽无遗。

（2）稳定性与变异性。

①不同社会制度下功能相同:维护统治阶级的利益和满足社会的共同需求,具有稳定性。

②随着社会经济、政治、文化的发展而发展，具有变异性。

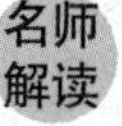

行政组织功能的内容主要有政治、经济、文化和社会功能，其中政治功能最集中地体现了国家的阶级性质，其核心问题是巩固国家政权，如打击破坏分子、抵御外来入侵等。经济功能是最主要、最基本的功能，经济基础决定上层建筑。文化功能一是进行思想政治教育，二是进行科学文化教育。

社会功能主要有环境保护、提供社会保障、促进公正的收入分配、控制人口增长。

真题小练

单选题

（2017 年 10 月 全国）行政组织功能中，最能体现国家阶级性质的是（　　）

A. 社会功能　　B. 政治功能　　C. 文化功能　　D. 经济功能

答案及解析：B。政治功能最集中地体现了国家的阶级性质，其核心问题是巩固国家政权。

小试牛刀

单选题

1. 在我国社会主义初级阶段，行政组织最主要、最基本的功能是（　　）

A. 政治功能　　B. 经济功能

C. 文化功能　　D. 社会功能

答案及解析：B。政府行政组织的存在目的，就是为其经济基础服务，保护经济基础的巩固和发展，并以各种形式来推动社会生产力的发展。我国处于社会主义初级阶段，组织经济建设，更成为行政组织最主要、最基本的功能。

多选题

2. 下列属于行政组织社会功能的是（　　）

A. 提供社会保障　　B. 促进公正收入分配

C. 控制人口增长　　D. 保护环境

E. 打击违法犯罪

答案及解析：ABCD。当代各国行政组织的社会功能主要有：提供社会保障；促进公正收入分配；控制人口增长；环境保护。

文字题

3. 简述行政组织功能的有限性。

答案：

（1）行政组织功能发挥的领域和程度要以社会需要为限。

（2）凡是私人生活领域，只要不触犯刑律，行政组织就不应干预。

（3）行政组织功能发挥要以法律为依据。

（4）行政组织自身的能力也是有限的，它不可能永远正确，也没有力量对社会事务包揽无遗。

第二节　行政组织理论的研究内容和学科性质

行政组织理论研究的内容☆

（1）行政组织的综合性研究。

（2）行政组织的静态研究。

（3）行政组织的动态研究。

名师解读 行政组织的静态研究，主要是研究行政组织的目标、结构和体制，而行政组织的动态研究主要是研究行政组织的建立与管理、变革。此知识点的常考题型为多选题，同学们必须要正确区分行政组织静态与动态研究的内容。

注意：可以通过词性来区分，例如，建立、管理、变革都是动词，所以属于行政组织动态研究的内容。

真题小练

多选题

（2014 年 10月 全国）下列属于行政组织静态研究内容的有（　　）

A. 行政组织目标　　B. 行政组织结构

C. 行政组织变革　　D. 行政组织的建立与管理

E. 行政组织体制

答案及解析：ABE。行政组织静态研究内容有：行政组织的目标、行政组织的结构、行政组织的体制。

小试牛刀

多选题

下列属于行政组织动态研究内容的有（　　）

A. 行政组织的建立与管理　　B. 行政组织结构

C. 行政组织变革　　D. 行政组织体制

E. 行政组织的目标

答案及解析：AC。行政组织的动态研究包括行政组织的建立与管理、行政组织的变革。

知识点 2

行政组织理论的学科性质☆

1. 行政组织理论的含义

行政组织理论是研究国家行政组织的科学，其研究对象的性质决定了行政组织理论的性质。

2. 行政组织具有双重性质

（1）政治性：行政组织的政治性决定了对同一种行政组织现象，各个阶级出于自身利益的不同，会持有不同的看法和评价。

（2）社会性：行政组织的社会性决定了各个阶级对同一种行政组织有着某些相同的评价。

此知识点可能会出选择题，同学们可通过关键词区分行政组织所具有的双重性质。

政治性——不同。

社会性——相同。

小试牛刀

单选题

决定各个阶级对同一种行政组织有着某些相同的评价的是（　　）

A. 行政组织的稳定性　　B. 行政组织的社会性

C. 行政组织的法制性　　D. 行政组织的政治性

答案及解析：B。行政组织的社会性决定了各个阶级对同一种行政组织有着某些相同的评价。

第三节　行政组织理论的研究方法和意义

知识点 1

行政组织理论的研究方法☆

（1）阶级分析的方法：历史唯物主义的基本方法，是阶级分析和历史分析的结合，是将特定的行政组织现象放到特定的社会历史条件和政治制度、社会环境中进行分析的方法。

（2）系统分析的方法：是要求从系统论的观点出发，着重从整体和部分、内部和外部之间的相互作用、相互制约的关系中来把握行政组织的整体。

（3）理论联系实际的方法：是马克思主义的一个基本原则，也是研究行政组织理论应有的学风和方法。

（4）静态与动态相结合的方法：早期西方行政组织理论研究者经常采用的一种研究方法。

（5）纵向与横向相结合的方法：首先，要从纵向的历史角度去考察和研究行政组织的起源与发展等；其次，在进行纵向研究的同时，我们也要横向地考察和比较各国行政组织的现状及特点，借鉴和吸收其长处与优点。

名师解读

（1）阶级分析法是按照不同的阶级来研究行政组织理论，如工人阶级、地主阶级、统治阶级等。

（2）系统分析法是把行政组织和行政组织周围的环境（如社会舆论、国际环境等）分别看成一个系统（这两个系统组成了一个完整的大系统），在这两个系统相互影响的过程中，既分析组织，又分析相应组织的因素。

（3）理论联系实际法即先学习理论再联系实际。

（4）静态与动态相结合法是既要研究静态的目标、结构、体制，又要研究动态的发展过程。纵向与横向相结合法是既要考虑过去（历史）又要考虑同一时间段内各个行政组织的差异。

真题小练

单选题

1.（2017 年 4 月 全国）在行政组织理论的研究方法中，着重从整体和部分、内部和外部之间的相互作用、相互制约关系来把握行政组织的是（　　）

A. 理论联系实际的方法　　B. 动态与静态相结合的方法

C. 系统分析的方法　　D. 纵向与横向相结合的方法

答案及解析：C。系统分析的方法，就是要求从系统论的观点出发，着重从整体和部分、内部和外部之间的相互作用、相互制约的关系中来把握行政组织的整体。

2.（2013 年 10 月 全国）从历史角度考察行政组织起源和发展的方法是（　　）

A. 纵向研究　　B. 横向研究

C. 系统分析　　D. 阶级分析

答案及解析：A。要从纵向的历史角度去考察和研究行政组织的起源与发展，行政组织的历史类型，行政组织结构、体制的发展、变迁，组织管理方法的演变等，以把握行政组织发展的历史脉搏，从中总结出行政组织发展中一些带有规律性的东西，为我们提供一些重要的历史经验，以指导现在和未来的行政组织管理实践。

小试牛刀

多选题

行政组织理论的研究方法有（　　）

A. 阶级分析法　　B. 系统分析法

C. 理论联系实际法　　D. 动态与静态结合法

E. 横向与纵向结合法

尚考通

答案及解析：ABCDE。行政组织理论的研究方法有：阶级分析的方法、系统分析的方法、理论联系实际的方法、静态与动态相结合的方法、纵向与横向相结合的方法。

行政组织理论的研究意义☆

（1）研究行政组织理论是为了建立具有中国特色的行政组织理论体系。（理论体系）

（2）研究行政组织理论是实现行政组织科学化、法治化和现代化的需要，是社会健康发展的需要。（发展需要）

（3）研究行政组织理论是我国当前行政组织改革的实践需要，它可以为行政组织改革的实践提供理论上的指导。（实践需要）

（4）研究行政组织理论是优化行政工作人员的素质、提高其管理水平和工作能力的需要。（人员）

根据关键词阐述研究行政组织的意义。

（1）理论体系——为了建立具有中国特色的行政组织理论体系。

（2）发展需要——因为行政组织理论本身也在不断地发展变化（科学化、法治化、现代化），所以研究行政组织理论是社会发展的需要。

（3）实践需要——为行政组织改革的实践提供理论指导。

（4）人员——优化素质，提高能力。

小试牛刀

文字题

简述研究行政组织理论的意义。

答案：

（1）研究行政组织理论是为了建立具有中国特色的行政组织理论体系。

（2）研究行政组织理论是实现行政组织科学化、法治化和现代化的需要，是社会健康发展的需要。

（3）研究行政组织理论是我国当前行政组织改革的实践需要，它可以为行政组织改革的实践提供理论上的指导。

（4）研究行政组织理论是优化行政工作人员的素质、提高其管理水平和工作能力的需要。

本章易考知识点回顾

- 绪论
  - 组织与行政组织
    - 行政组织的基本要素
      - 物质要素
        - 人员
        - 经费
        - 物资设备
      - 精神要素
        - 目标
        - 权责结构
        - 人际关系
    - 行政组织的性质
      - 一般性质
        - 静态
        - 动态
        - 生态
        - 心态
      - 特殊性质
        - 政治性（核心）
        - 社会性（基础）
        - 权威性（突出特征）
        - 法治性（依法行政）
        - 系统性（协调有序）
        - 服务性（创新）
    - 行政组织的功能
      - 内容
        - 政治功能（核心问题是巩固国家政权）
        - 经济功能（最主要、最基本的功能）
        - 文化功能
        - 社会功能
      - 特点
        - 广泛性与有限性
        - 稳定性与变异性
  - 行政组织理论的研究内容
    - 行政组织的综合性研究
    - 行政组织的静态研究
    - 行政组织的动态研究
  - 行政组织理论的研究方法和意义
    - 行政组织理论的研究方法
      - 阶级分析
      - 系统分析
      - 理论联系实际
      - 静态与动态相结合
      - 纵向与横向相结合
    - 行政组织理论的研究意义
      - 理论体系
      - 发展需要
      - 实践需要
      - 人员

第二章 行政组织的演变

学习本章内容后，同学们要了解中外行政组织理论的演变过程，并要理解行政组织在各个时期的发展规律以及产生的特点。

中国古代行政组织的特点、资本主义时期外国行政组织的特点、奴隶制时期外国行政组织的特点为本章的重点内容，同学们在学习过程中需注意识记。

第一节　外国行政组织的演变

知识点 1

奴隶制时期的外国行政组织☆☆☆

1. 古埃及的行政组织

（1）实行奴隶制君主专制。

（2）国王称为法老，是最高统治者。

（3）行政组织高度混同。

2. 古希腊的行政组织

（1）古希腊出现了很多政体各不相同的城邦，雅典是主要代表，是古代奴隶主民主共和政体的典型。

（2）雅典的最高权力机关是公民大会。

（3）雅典的行政组织具有原始的民主行政特征；强调依法行政；行政官员非专业化、非职业化、无报酬；行政职能简单。

3. 古罗马的行政组织

（1）共和国时期。

①人民大会是立法机关。

②元老院是最高权力机关。

③高级长官：执政官（最高官职）、营造官、保民官和检察官。

（2）帝国时期。

①建立了独裁性质的元首制度。

②屋大维确立了绝对专制的元首制度，他一身兼任元首、元帅，后演变为皇帝。

4. 奴隶制时期外国行政组织的特点

（1）行政组织职能简单且未明确分化。

（2）古希腊、古罗马的行政组织与国家机关其他组织开始有了初步的原始的分工。

（3）中央和地方的关系相对简单。

（4）在共和制时期，行政组织的官员都无报酬、任期短、行政工作未职业化。

（1）古埃及的行政组织是高度混同的，各部门之间的职权及官员之间的权限虽有所分工但没有明确的划分，法老既是领袖，又被看成是神的化身。

名师解读 (2) 古希腊没有形成统一的中央集权（没有统一的君主），而是由雅典、斯巴达、迈锡尼、底比斯等多个城邦组成，好比战国时期同时并存着秦、魏、韩、赵、楚、燕、齐等诸侯国，其中雅典是古希腊的奴隶主民主共和政体的典型代表，公民大会是最高权力机关。

(3) 古罗马共和时期需记住一院四官：一院，即元老院（最高权力机关）；四官分别是执政官（最高军事权和行政权）；保民官，是古罗马平民的代言人（职责是维护平民的利益，这是罗马民主制的一大特色）；营造官，主要职责是维护社会治安（营造一个良好的社会环境）；检察官（税收、工程监督）。

(4) 古罗马帝国时期，同学们仅需记住独裁性质的元首制度即可。

真题小练

单选题

（2017 年 4 月 全国）古罗马共和国的高级长官中，最高官职是（　　）

A. 执政官　　B. 检察官　　C. 保民官　　D. 营造官

答案及解析：A。执政官是高级长官中的最高官职，拥有最高军事权和行政权。

小试牛刀

单选题

1. 古代奴隶主民主共和政体的典型国家是（　　）

A. 古埃及　　B. 古巴比伦

C. 雅典　　D. 古印度

答案及解析：C。雅典是古代奴隶主民主共和政体的典型。

2. 古罗马共和国设立的维护平民利益、作为平民代言人的是（　　）

A. 执政官　　B. 检察官

C. 保民官　　D. 营造官

答案及解析：C。保民官是平民的代言人，其职责是维护平民的利益，这是罗马民主制的一大特色。

知识点 2

封建制时期的外国行政组织☆☆

1. 英国封建制时期的行政组织

(1) 西方国家的议会和内阁都发源于英国。

（2）从盎格鲁－撒克逊时代起，就开始形成了比较固定的行政组织形式：国王和贤人会议两个权力中心。

（3）14 世纪中叶，御前会议演化为上下两院。

（4）地方行政组织由郡、百户区、村社三级组成。

（5）商业集中的地方设立自治市。地方政府基本处于半自治状态，故有“地方自治之乡在英国”的说法。

2. 法国封建制时期的行政组织

（1）地方分封的封建君主制。

（2）等级君主制。

（3）三级会议：高级僧侣、世俗贵族、富裕市民。

（4）中央集权的专制君主制。

（5）监察官的设置，是法国完成中央集权化的行政框架的重要标志。

3. 封建制时期英法行政组织的特点

（1）立法权与行政权相对分离，行政权受到立法权的制约。

（2）中世纪末期，随着专制王权的确立，宫廷的内务组织演变成全国的中央行政组织。

（3）地方行政组织较奴隶制时期有很大的发展。

（4）王权与教权的关系十分密切，它们之间既有斗争又有合作。

关键词记忆

英国

（1）盎格鲁－撒克逊时代——国王和贤人会议（之后贤人会议演变成了御前会议）。

（2）14 世纪中叶——上下两院（上院为贵族院，下院为众议院）。

（3）商业集中——自治市。

（4）地方自治之乡——英国。

法国

（1）封建时期的行政组织——不断实现中央集权（与英国相反）。

（2）完成中央集权化的标志——监察官的设置。

真题小练

单选题

1.（2012 年 10 月 全国）英国都铎王朝在商业集中的地方设立（　　）

A. 郡　　B. 自治市

C. 村社　　D. 百户区

答案及解析：B。都铎王朝时期（1485—1603），王权得到强化，行政组织机构进一步完备。地方行政组织由郡、百户区、村社三级组成，其行政长官由郡会议、百户会议产生。商业集中的地方设立自治市。

2.（2014 年 10 月 全国）封建制时期的法国完成中央集权化行政框架的重要标志是（　　）

A. 监察官的设置　　B. 等级君主制的确立

C. 专制君主制的建立　　D. 贵族会议的解体

答案及解析：A。监察官的设置，是法国完成中央集权化的行政框架的重要标志。

小试牛刀

单选题

1. 英国御前会议演化为上下两院的时代是（　　）

A. 13 世纪中叶　　B. 14 世纪中叶

C. 15 世纪中叶　　D. 16 世纪中叶

答案及解析：B。14 世纪中叶，御前会议演化为上下两院。上院由国王指定的僧侣、大贵族组成（贵族院），下院由地方代表组成（众议院）。

2. 号称“地方自治之乡”的国家是（　　）

A. 美国　　B. 法国

C. 英国　　D. 德国

答案及解析：C。英国的地方政府基本上处于一种半自治的状态，中央对地方控制较弱，故有“地方自治之乡在英国”的说法。

多选题

3. 英国从盎格鲁 – 撒克逊时代起，形成的权力中心有（　　）

A. 贤人会议　　B. 国王

C. 贵族会议　　D. 御前会议

E. 国民会议

答案及解析：AB。早在公元 9—10 世纪，从盎格鲁 – 撒克逊时代起，就开始形成了比较固定的行政组织形式：国王和贤人会议两个权力中心。

资本主义时期的外国行政组织☆☆

1. 英国现代的行政组织（议会制的君主立宪政体）

（1）英国中央行政组织。

①枢密院，发源于中世纪，形式上的最高行政机关。

②内阁，实际上的最高行政机关，首相是内阁的首脑。

③政府各部。部是中央行政的职能部门。

（2）英国地方行政组织（见图 2–1）。

英国地方行政组织层次

- 一般分为两级，即郡和区。
- 有时分为三级，即郡、区、教区或社区。

英国地方行政组织的职能及机构

主要职能有：管理交通道路；维护公共秩序和治安；搞好环境卫生；制定和实施城乡规划；发展公共事业；提供福利服务。

图 2–1　英国地方行政组织

2. 美国现代的行政组织

（1）联邦行政组织。

总统直属机构：它们直接受总统领导，是总统的咨询、参谋、辅助机构。

内阁和行政部：美国的内阁是总统和部长集体讨论政府事务的机构，因此是美国行政系统的一部分。

独立行政机构：专业性强；具有独立性；行使混合权力（不仅有行政权，同时有准立法权、准司法权）；办事效率高。

（2）州行政组织：与联邦政府实行分权制，不存在直接的领导和从属关系。

（3）地方行政组织：美国县政府组织、市行政组织、镇行政组织、特别行政区。

3. 法国现代的行政组织

（1）法国中央行政组织由总统、总理和中央各部等行政机构组成。

（2）现在法国的地方行政组织有大区、省和市镇三个层次。

4. 资本主义时期外国行政组织的特点

（1）行政组织日趋独立且职能不断扩大，行政组织总量不断增加，并且行政组织管理越来越专业化、科学化。

（2）行政组织职能不仅扩大，而且已从原来的以政治职能为主转变到现在的以经济和社会职能为主。

（3）行政权力越来越大。

（4）中央适度集权与地方适度分权是市场经济条件下各国的共同要求。

三种政府形式是最为典型的。

（1）英国的内阁制。

①形式上的最高行政机关——枢密院（没有实权）。

②实际上的最高行政机关——内阁（政党竞争，胜利一方的党首组织内阁，内阁首脑即首相，有实权）。

（2）美国的总统制。

①总统直属机构（白宫办公厅、经济顾问委员会，为总统决策提供依据）——接受总统领导。

②内阁（信息讨论机构）和行政部（国务部、财务部等15部，部是最重要的行政机关）。

③独立的行政机构〔中央情报局、州际商业委员会（第一个独立行政机构）等〕比政府各部拥有更大的自主权。

④政府组织形式：市长—市议会制（最古老、最通用的形式，市议会代表人民做出决策，市长执行）；市经理制；委员会制；大都会区制。

（3）法国的半总统制。

法国的总统和政府总理均享有最高行政权，被称为“行政二头制”或“半总统制”。

真题小练

单选题

1.（2008年10月 全国）英国的内阁首脑是（　　）

A. 英王　　B. 首相　　C. 枢密大臣　　D. 外交大臣

答案及解析：B。首相是内阁的首脑。

2.（2016年4月 全国）美国市政组织形式中，历史最悠久、适用最广泛的是（　　）

A. 市长—市议会制　　B. 市经理制

C. 议会—市长制　　D. 委员会制

答案及解析：A。美国市政府的组织形式大致有四类：市长—市议会制（这是最古老和最通行的一种），市经理制，委员会制和大都会区制。

3.（2016年10月 全国）被法国行政学者称为“行政二头制”现象的是（　　）

A. 总统单独享有最高行政权　　B. 总理单独享有最高行政权

C. 总统和总理都享有最高行政权　　D. 总统和议会都享有最高行政权

答案及解析：C。法国1958年的宪法规定，总统和政府总理都享有最高行政权，这种现象被法国行政学者称为“行政二头制”。

小试牛刀

单选题

1. 在现代英国，实际上的最高行政机关是（　　）

A. 内阁　　B. 枢密院

C. 上院　　D. 下院

答案及解析：A。现在的枢密院只是形式上的最高行政机关。实际权力掌握在内阁手里。内阁是英国实际上的最高行政机关，是英国政府的核心机构。

2. 美国的州际商业委员会属于（　　）

A. 一级政府　　B. 独立行政机构

C. 政府组成部门　　D. 社会中介机构

答案及解析：B。独立行政机构的组织形式一般为各种专门委员会。美国联邦政府第一个具有重要地位的独立行政机构是 1887 年成立的州际商业委员会。

多选题

3. 美国独立行政机构的特点是（　　）

A. 专业性强　　B. 直接对总统负责

C. 行使混合权力　　D. 办事效率高

E. 具有独立性

答案及解析：ACDE。美国独立行政机构具有如下特点：专业性强、具有独立性、行使混合权力、办事效率高。

第二节　中国行政组织的演变

知识点 1

中国古代的行政组织☆☆

1. 夏、商、周时期的行政组织

（1）夏朝创立了王位世袭制度。

（2）商朝开始按职能设官定制。

（3）周朝初步确立了地方行政系统。

（4）我国奴隶制时期的行政组织实行的是“亲贵合一”的组织原则。

2. 秦、汉时期的行政组织

（1）确立了专制主义中央集权的行政管理体制。

（2）在朝廷内，秦、汉实行三公九卿制，丞相地位最高。

（3）秦朝的地方行政组织设郡、县两级。汉末有州、郡、县三级地方行政建制。

3. 隋、唐时期的行政组织

（1）形成了三省六部二十四司的行政组织体制，即中书省、门下省、尚书省三省，吏、户、礼、兵、刑、工六部。

（2）中书省取旨决策、门下省审议封驳、尚书省承旨执行。其中尚书省是全国的最高行政机关。

4. 宋、元、明、清时期的行政组织

（1）宋朝的地方行政组织有路（地方最高一级政权）、州、县三级。

（2）明、清设内阁作为皇帝的咨询、辅助机构。

（3）宋、元设枢密院掌军事，中书省管政务，元朝增设御史台管监察。元朝为加强对地方的管理创立行省制度。

5. 中国古代行政组织的特点

（1）强化中央集权，集国家最高权力于一人之手，是中国古代行政组织发展的主流。

（2）演变具有前后因袭，循序渐进的特点。

（3）结构严谨，分工精细，层级节制，集中统一。

（4）具有强烈的宗法色彩。

关键词记忆

（1）夏商周时期：奴隶制时期的行政组织——“亲贵合一”。

（2）秦汉时期：百官之长——丞相（辅助皇帝处理政务的最高官员）。

（3）隋唐时期的三省：中书省——决策，门下省——封驳，尚书省——执行。

（4）明清时期：咨询机构——内阁（罢免丞相，废除中书省设置了内阁）。

▶▶ 真题小练

单选题

1.（2015 年 4 月 全国）我国奴隶制时期行政组织实行的组织原则主要是（　　）

A. 亲贵合一　　B. 政教合一

C. 原始民主　　D. 贵族合议

答案及解析：A。我国奴隶制时期的行政组织实行的是“亲贵合一”的组织原则，因而带有强烈的宗法色彩。

2.（2017 年 10 月 全国）秦汉时期，有“百官之长”之称的是（　　）

A. 尚书　　B. 御史大夫

C. 太尉　　D. 丞相

答案及解析：D。三公的名称多变化，或丞相、太尉、御史大夫，或司空、司马、司徒，但均为宰相，其中丞相地位最高，为“百官之长”，是辅助皇帝处理全国政务的最高行政长官。

3.（2011 年 10 月 全国）魏晋至隋唐的三省中，负责审议封驳的是（　　）

A. 门下省　　B. 中书省　　C. 尚书省　　D. 行中书省

答案及解析：A。从魏晋至隋、唐形成了三省六部二十四司的行政组织体制。三省职权划分明确，中书省取旨决策，门下省审议封驳，尚书省承旨执行。

4.（2009 年 10 月 全国）在明清时期，内阁是（　　）

A. 决策机构　　B. 执行机构　　C. 咨询机构　　D. 监察机构

答案及解析：C。中书省废除以后，明、清设内阁作为皇帝的咨询、辅助机构，清朝在内阁之外增设军机处，作为中央的中枢机关，但它们都不能直接行使行政管理的职能。

小试牛刀

单选题

宋朝时，最高一级地方政权称为（　　）

A. 州　　B. 郡　　C. 路　　D. 省

答案及解析：C。宋朝时，“路”是为加强中央对地方的控制而设的，路是以军政为主，也兼理民政，是地方最高一级政权。

中华民国的行政组织☆☆

1. 南京临时政府时期的行政组织（1912—1913）

（1）临时政府采取总统制，总统为行政首脑。

（2）改总统制为参议院下的内阁制。

①临时大总统为国家元首。

②由国务员组成国务院。

2. 北洋政府时期的行政组织（1913—1928）

（1）1914 年 5 月，《新约法》颁布了，改内阁制为“总统制”。

（2）大总统是直接领导政府、决定政策的实际行政首脑。

3. 国民政府时期的行政组织（1927—1949）

（1）行政院是国民政府时期最高行政机关。

（2）中华民国地方行政组织一般设省、县两级，在省和县之间有一级行政督察区。

4. 中华民国的行政组织特点

（1）在初创期接受了西方三权分立与民主共和国的思想。

（2）孙中山提出的政权和治权相区别，在国民大会下实行立法、行政、司法、考试、监察五权分立的思想，具有历史的进步意义。

（3）从法律上确立了国民党一党专政的政治体制。

（4）在中央与地方的关系上，中央集权制与地方军阀割据并存。

名师解读 （1）1912年元旦，中华民国成立了临时政府，采取的是总统制，总统为行政首脑，行政部门共设九部。1912年3月颁布《中华民国临时约法》，改总统制为参议院下的内阁制，临时大总统为国家元首。

（2）北洋政府时期，总统是袁世凯。内阁制改为“总统制”，并撤销了国务院，改设政事堂。

（3）国民政府时期，国民政府由五院组成：行政院（负责全国行政，最高行政机关，院长由中央执行委员会选任，属于常考知识点）、立法院、司法院、考试院、监察院。

真题小练

单选题

1.（2010年1月 全国）1912年成立的南京临时政府实行总统制，其行政首脑是（　　）

A. 总统　　B. 总理

C. 国民政府主席　　D. 行政院长

答案及解析：A。《临时政府组织大纲》是1912年元旦成立的中华民国政府的法律基础。临时政府采取总统制，总统为行政首脑。

2.（2008年10月 全国）袁世凯就任大总统后，改国务院为（　　）

A. 政务院　　B. 政事堂　　C. 内阁　　D. 行政院

答案及解析：B。1913年，袁世凯在北京就任大总统。国务院被撤销，改设政事堂。

3.（2015年10月 全国）南京国民政府的最高行政机关是（　　）

A. 国民参政会　　B. 立法院

C. 行政院　　D. 国民党中政会

答案及解析：C。国民政府由五院组成，即行政院、立法院、司法院、考试院和监察院。其中行政院是国民政府的最高行政机关。

小试牛刀

单选题

中华民国地方政府一般设立（　　）

A. 2级　　B. 3级　　C. 4级　　D. 5级

答案及解析：A。中华民国地方行政组织一般设省、县两级，在省与县之间，有一级行政督察区。

知识点 3

中华人民共和国的行政组织☆☆

1. 中华人民共和国中央行政组织（如图 2-2）

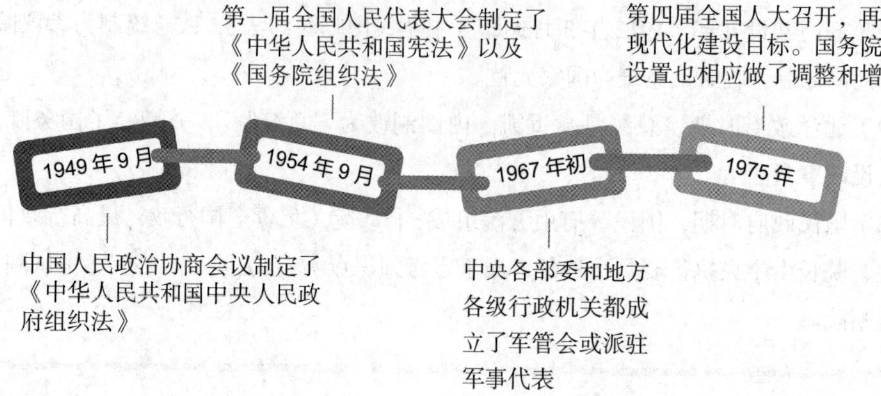

图 2-2　1949—1981 年中华人民共和国中央行政组织的几次调整

2. 中华人民共和国地方行政组织及其与中央行政组织的关系

中华人民共和国地方行政组织的层级如下所述。

（1）1954 年，第一次全国人民代表大会颁布《中华人民共和国宪法》。根据宪法规定，地方行政组织有省、县、乡三个层级。

（2）20 世纪 80 年代以来，我国多数地方政府是四级：省、市（地级）、县、乡。

3. 中华人民共和国行政组织的特点

（1）中华人民共和国行政组织具有充分的人民性。

（2）中华人民共和国行政组织的设置与运行，本着精简、统一、效能的原则，不断进行调整与改革，并取得了一定的成就。

（3）在处理中央与地方的关系上，中华人民共和国行政组织基本贯彻了民主集中制原则。

（4）中华人民共和国行政组织在其发展的历史过程中，也暴露出一些弊端。

（1）中华人民共和国成立，建立了政务院（国务院前身），实行的是议行合一的行政组织体制。

（2）1954 年，第一次全国人民代表大会召开，全国人民代表大会是国家最高权力机关，国务院（本次人民代表大会将政务院改为国务院）是国家最高行政机关。

（3）中国的行政体制属于中央集权型体制。（国家控制地方，地方要服从国家）

（4）省、县、乡是传统的行政建制，是行政层级；市、镇是行政管理机关；行政特区（如神农架林区、六枝特区）大多实行政企（事）合一的政府体制。

真题小练

单选题

1.（2017 年 10 月 全国）中华人民共和国成立之初，实行的行政组织体制是（　　）

A. 议行合一体制　　B. 政企合一体制

C. 计划经济体制　　D. 多党合作体制

答案及解析：A。1949 年 9 月，中国人民政治协商会议代行人民代表大会职权，制定了《中华人民共和国中央人民政府组织法》。在全国政治协商会议闭会期间，中央人民政府委员会暂行国家最高权力，统辖中华人民共和国最高立法、行政、司法、军事权，是典型的议行合一体制。

2.（2011 年 10 月 全国）按省、县、乡构成的行政系统称为（　　）

A. 层级制　　B. 职能制　　C. 集权制　　D. 完整制

答案及解析：A。省、县、乡是传统结构行政建制，是出于一般地域管理的需要而设置的行政层级。

小试牛刀

单选题

1. 1954 年颁布的宪法规定，我国地方行政组织有（　　）

A. 省、县、乡三级　　B. 省、市、县、乡四级

C. 大区、省、县、乡四级　　D. 省、地区、县、乡四级

答案及解析：A。1954 年第一次全国人民代表大会颁布了我国第一部宪法——《中华人民共和国宪法》，按照宪法和地方组织法规定，中华人民共和国地方行政组织有省、县、乡三个层级，撤销了大区行政组织。

2. 在处理中央与地方的关系上，我国行政组织贯彻的基本原则是（　　）

A. 集体领导原则　　B. 统一原则

C. 效能原则　　D. 民主集中制原则

答案及解析：D。在处理中央与地方的关系上，我国行政组织基本贯彻了民主集中制原则。

文字题

3. 简述中华人民共和国行政组织的特点。

答案：

（1）中华人民共和国行政组织具有充分的人民性。

（2）中华人民共和国行政组织的设置与运行，本着精简、统一、效能的原则，不断进行调整与改革，并取得了一定的成就。

（3）在处理中央与地方的关系上，中华人民共和国行政组织基本贯彻了民主集中制原则。

（4）中华人民共和国行政组织在其发展的历史过程中，也暴露出一些弊端。

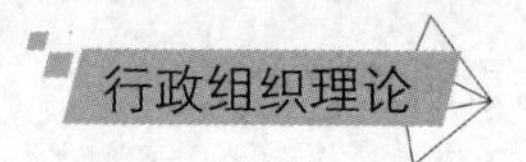

本章易考知识点回顾

- 行政组织的演变
  - 外国
    - 奴隶制时期
      - 古埃及：奴隶制君主专制——国王称为法老，是君主
      - 古希腊：民主共和政体——最高权力机关是公民大会
      - 古罗马
        - 共和国时期——最高权力机关是元老院
        - 帝国时期——独裁性质的元首制度
    - 封建制时期
      - 英国
        - 议会和内阁都发源于英国
        - 国王和贤人会议是权力中心
        - 御前会议演化为上下两院
    - 资本主义时期
      - 英国的内阁制：中央行政组织
        - 枢密院
        - 内阁
        - 政府各部
      - 美国的总统制：联邦行政组织
        - 总统直属机构
        - 内阁和行政部
        - 独立行政机构
      - 法国的半总统制：中央行政组织
        - 总统
        - 总理
        - 中央各部
  - 中国
    - 中国古代的行政组织
      - 夏、商、周
        - 夏朝创立了王位世袭制度
        - 商朝开始按职能设官定制
        - 周朝初步确立了地方行政系统
      - 秦、汉
        - 确立中央集权制
        - 中央朝廷内实行三公九卿制
      - 隋、唐
        - 三省六部二十四司制
        - 中书省取旨决策、门下省审议封驳、尚书省承旨执行
      - 宋、元、明、清
        - 宋、元设枢密院掌军事，中书省管政务，元朝增设御史台管监察
        - 元朝创建行省制度
        - 明、清设内阁作为皇帝的咨询、辅助机构
    - 中华民国的行政组织
      - 南京临时政府：总统制，总统为行政首脑
    - 中华人民共和国的行政组织
      - 中华人民共和国成立：政务院（国务院前身）
      - 国务院是最高行政机关
      - 省、市（地级）、县、乡

第三章　科层制组织理论

科层制一词出现在近代，科层制组织却在古老的埃及就已有迹可循。科层制理论在历史中发挥了重要的积极作用，这些理论还在不断地得到延续和发展。

通过学习本章内容，同学们要了解科层制的含义，以及其理论的产生、发展，理解科层制组织的特点和要素，明确其理论的后续发展。

第一节　科层制组织理论的产生

知识点 1

科层制概念的源起☆

（1）别称：官僚制。

（2）出现：最早作为正规术语在官方文献中出现是在德国。

（3）原初意义：实施社会管理的组织管理形式。

（4）现代意义：一种建立在合法统治理论基础上的，以分工、分层、规则、集权等为特性的金字塔式的组织结构形态和管理方式。

（5）创始人：马克斯·韦伯。

名师解读

此知识点的易考题型为选择题。

考生注意识记以下知识点。

（1）最早出现地——德国。

（2）创始人——马克斯·韦伯。

（3）科层制的现代意义。

小试牛刀

单选题

“科层制”最早作为正规术语在官方文献中出现，是在（　　）

A. 美国　　B. 德国　　C. 法国　　D. 英国

答案及解析：B。科层制亦称官僚制，最早作为正规术语在官方文献中出现是在德国。

知识点 2

马克斯·韦伯与科层制组织理论的产生☆☆

1. 马克斯·韦伯

（1）科层制组织理论的创始人。

（2）“组织理论之父”。

（3）在公共行政思想史上的最大贡献：提出并系统构建了“科层制”理论，进而深刻地剖析金字塔型的科层制组织体系以及人与组织之间的关系。

马克斯·韦伯
(1864—1920)

2. 科层制组织理论

（1）科层制组织理论被认为是组织学也是行政学的最重要成果之一。

（2）产生：原有政治制度和行政方法无法解决现有问题，滞后于追求效率的时代要求。

3. 韦伯的科层制理论研究

（1）现代科层制度的萌芽：建立以士官制度为中心的政治组织的政府。

（2）列出六种科层组织机构：司法机构、现代政府机构、军事机构、宗教机构、控制政策与警察职能的国家、具有分配产品与协调职能的经济体。

> **名师解读** 此知识点的易考题型为选择题。
>
> 考生注意识记以下知识点。
>
> 马克斯·韦伯——科层制组织理论的创始人 /“组织理论之父”。

真题小练

单选题

（2016 年 4 月 全国）被誉为“组织理论之父”的学者是（ ）

A. 休斯　　B. 巴纳德　　C. 韦伯　　D. 西蒙

答案及解析：C。马克斯·韦伯是与泰勒、法约尔同时代的德国著名社会学家、政治学家、行政学家，被誉为“组织理论之父”。

小试牛刀

单选题

科层制组织理论的创始人是（ ）

A. 马斯洛　　B. 韦伯　　C. 巴纳德　　D. 梅奥

答案及解析：B。马克斯·韦伯是科层制组织理论的创始人，被誉为“组织理论之父”。

扩展：马斯洛——需要层次理论；巴纳德——非正式组织理论；梅奥——人际关系学说。

知识点 3

科层制组织的兴起及其条件☆☆

1. 科层制组织的产生

埃及

实行科层体制的
国家行政管理的最古老的国家

中国

历代王朝的行政机构，
用韦伯的话来说，是前科层制的

（1）现代科层制国家：其形成很大程度上出于新兴权力集团的需要。

（2）现代科层体系：首先是与欧洲中央集权国家联系在一起的。

（3）科层制的形成与发展。

①出现：近代社会的产物，在资本主义政治经济二元化过程中逐渐形成。

②作为行政体制进入政治领域的标志：19 世纪后期，英国文官制度的出现。

③快速发展：工业革命后。

2. 科层制组织的兴起的条件

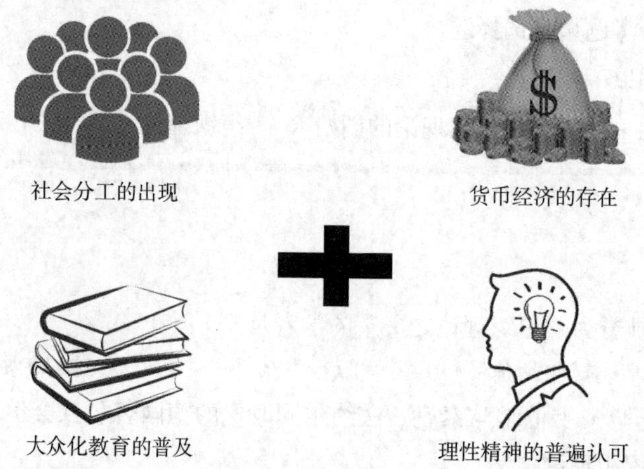

名师解读 此知识点的易考题型为选择题和简答题。考生需识记科层制组织兴起的条件。科层制的出现是社会分工的结果；货币经济使得收入和支出都可以用统一的标准数量化；科层机制注重文件记录、规章条文，有文化素养的人是从事科层制工作的重要条件；新教精神是促成科层制组织走向成熟的直接原因。

小试牛刀

单选题

1. 现代意义的科层制，作为一种行政体制而正式进入政治领域的标志是（　　）

A. 中国三省六部制度　　B. 美国总统制

C. 英国文官制度　　D. 法国半总统半议会制

答案及解析：C。到了 19 世纪后期，英国文官制度的出现标志着现代意义上的科层制作为一种行政体制而正式进入政治领域。

简答题

2. 简述科层制组织兴起的条件。

答案：（1）社会分工的出现。

（2）货币经济的存在。

（3）大众化教育的普及。

（4）理性精神的普遍认可。

助记口诀："交（教）货分神"。

知识点 4

科层制组织的理论和实践基础☆☆

1. 政治与行政的分离

（1）实践基础："政治厌倦症""非政治的精神"成为德国市民阶级的价值取向。

（2）学理上的支持：托马斯·伍德罗·威尔逊的政治与行政二分理论的构建。

2. 科学管理原理

费雷德里克·温斯洛·泰勒所领导的科学管理运动及其构建的科学管理理论为韦伯的科层制理论体系的构建提供了科学的实践依据。其主要贡献表现在以下三方面。

（1）对事不对人的管理。

（2）制度和程序化的管理模式。

（3）管理的分工与分权。

3. 文官制度的确立

（1）时间：19 世纪 70—80 年代。

（2）国家：英美。

（3）建立：文官制度——即国家公务员制度。

（4）文官制度实行的人事管理原则：法制化、职业化、专业化、价值中立、政务官与事务官分离等，为科层制理论的实践奠定了基础。

此知识点的易考题型为选择题和简答题。

考生需重点理解科层制组织理论的基础，包括其实践基础和理论基础。

（1）实践基础。

①"政治厌倦症""非政治的精神"成为德国市民阶级的价值取向。

②科学管理运动及科学管理理论。

③文官制度实行的人事管理原则。

（2）理论基础。

托马斯·伍德罗·威尔逊的政治与行政二分理论的构建。

小试牛刀

多选题

1. 下列选项中，属于科层制组织理论的实践基础的是（　　）

A. 政治与行政二分理论　　B. 科学管理理论

C. 文官制度实行的人事管理原则　　D. 政治与行政的结合

E. 科学管理运动

答案及解析：BCE。科层制组织理论的理论和实践基础如下。（1）政治与行政的分离："政治厌倦症""非政治的精神"成为德国市民阶级的价值取向——实践基础；威尔逊的政治与行政二分理论的构建——学理上的支持；（2）科学管理原理：科学管理运动及科学管理理论——实践基础；（3）文官制度的确立：人事管理原则——实践基础。

2. 科学管理理论对于科层制理论体系构建的主要贡献表现在（　　）

A. 对人不对事的管理　　B. 对事不对人的管理

C. 制度和程序化的管理模式　　D. 管理的分工与分权

E. 管理的授权与集中

答案及解析：BCD。科学管理理论对于科层制理论体系构建的主要贡献表现在：①对事不对人的管理；②制度和程序化的管理模式；③管理的分工与分权。

第二节　科层制组织的特征与要素

知识点 1

科层制组织的含义☆

（1）含义：科层制组织是指一种以分部—分层、集权—统一、指挥—服从等为特征的组织形态，亦即现代社会实施合法统治的行政组织。

（2）实质：层次分明、制度严格、权责明确、信息自下而上流动、命令自上而下发出的"金字塔"式的组织模式和管理方式。

名师解读

此知识点需考生识记科层制组织的含义，注意理解其实质。

知识点 2

科层制组织的基本特征☆☆

现代科层制组织的五大基本特征如图 3-1 所示。

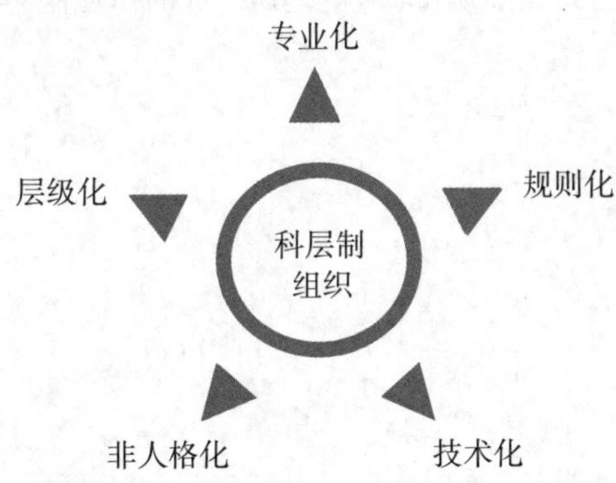

图 3-1 科层制组织的基本特征

名师解读 此知识点的易考题型为多选题和简答题。考生需识记五大基本特征。

助记："业绩（级）责（则）任（人）技术化"。

补充：专业化原则，适用于个人和组织单位；层级化又称等级化；规则化又称法制化、制度化；非人格化被视为科层制组织的"特殊美德"；专业化、层级化的科层制要求管理者必须训练有素，组织要为成员提供必需的专业培训。

小试牛刀

单选题

1. 被视为科层制组织的"特殊美德"的是（　　）

A. 专业化　　B. 层级化

C. 规则化　　D. 非人格化

答案及解析：D。非人格化被视为科层制组织的"特殊美德"。这一体制的一个重要特点是，个人在科层体制中已经被高度物化。

简答题

2. 简述科层制组织的基本特征。

答案：（1）专业化；（2）层级化；（3）规则化；（4）非人格化；（5）技术化。

知识点 3

科层制组织的要素体系☆☆

科层制组织的工具性功能，源于这一体制的结构品质，即准确、迅速、可依赖和可预测。这一品质主要体现为：按照合理化准则和职业伦理所形成的一套客观化的要素体系。

1. 科层制组织的机构

机构规范内容如下。

（1）权限预先确定。

（2）职位的层级化。

（3）职务的履行。

（4）职位。

（5）调节。

（6）专业训练。

（7）工作例行化。

（8）限制。

2. 科层制组织的角色

角色要素的原则，被深受韦伯政治社会学影响的加布里埃尔·亚伯拉罕·阿尔蒙德处理为"选择和诱导"两个标准化的分析概念。在韦伯那里，这两个标准化概念的具体内容如下。

（1）官员虽有法律规定上的个人自由，但只能听命于非人格的公务上的职责官员。

（2）按明确规定的职位等级组织起来。

（3）法律上明确规定了各自的职责权限。

（4）职责依自由的协议而产生，原则上是一种自由的选择。

（5）职位的候选人是按其专业的熟练程度挑选的。

（6）官员有固定的薪金报酬，绝大多数有权获得养老金。

（7）把自己的公务看作唯一的或至少是主要的现任职业。

（8）有一个"晋升"的制度，晋升取决于上级的裁决。

（9）官员的工作完全与行政管理手段的所有权相分离，不能利用职务挪用公物。

（10）服从严格的制度化纪律并控制自己的管理行为。

3. 科层制组织的价值

科层制是紧紧围绕一套价值规范构建的，其核心要素如下。

（1）效率。

（2）功利。

（3）工具——目标取向合理。

（4）服从。

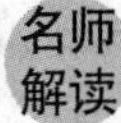

此知识点易考题型为多选题和简答题。考生需识记科层制组织的要素体系。

（1）科层制组织的机构。

（2）科层制组织的角色。

（3）科层制组织的价值。

对其机构、角色和价值的各个具体要素要进行理解。

小试牛刀

多选题

科层制组织的要素体系主要包括科层制组织的（　　）

A. 机构　　B. 任务

C. 角色　　D. 领导　　E. 价值

答案及解析：ACE。科层制组织的要素体系主要包括：（1）科层制组织的机构；（2）科层制组织的角色；（3）科层制组织的价值。

第三节　科层制组织理论的主要思想

科层制组织的理论预设☆

通过研究，韦伯发现理性是由资本主义社会发展而来的一个特有概念，称其为“科层制精神”。所谓“科层制精神”，实际上就是一种“理性精神”。

合理性是韦伯科层制理论重要的学理预设，是他设计理想型科层制模式的一个最基本原则。合理性包括形式合理性（或工具合理性）和实质合理性（或价值合理性）。

此知识点的易考题型为选择题。

考生需识记科层制理论的学理预设——合理性，及其两种形式。

小试牛刀

单选题

韦伯科层制理论的学理预设是（　　）

A. 逻辑性　　B. 合理性　　C. 特殊性　　D. 灵活性

答案及解析：B。合理性是韦伯科层制理论重要的学理预设，是他设计理想型科层制模式的一个最基本原则。

知识点 2

合法性权威的类型☆☆

合法性的两重含义如图 3–2 所示。

图 3–2　合法性的两重含义

为了构建合法性的现代统治类型，韦伯将合法性权威分为传统权威、魅力权威和法理权威。

1. 传统权威

（1）含义：源于宗法与家族，即古代家庭的传统。

（2）建立基础：传统风俗和习惯。

（3）典型例子：家长制、部落统治、村落中的老人政治。

（4）家长制：家产制（典型形式）和封建制（边缘形式）。

2. 魅力权威

（1）含义：建立在特别神圣、个人英雄主义和非凡品质、规范模式或规定秩序的信念基础之上的权威。

（2）建立基础：领袖个人权威。

（3）典型：耶稣、拿破仑、希特勒。

（4）非理性：必然带来统治的非稳定性和非长久性。

3. 法理权威

（1）含义：合法而理性化的权威。

（2）建立基础：内部规则。

（3）特点：非人格化。

（4）现代社会：法理权威占主导地位，它是理性的；其他两种权威主要出现在传统社会中，它们是非理性的。

此知识点的易考题型为选择题。考生不仅需识记这三种权威（传统权威、魅力权威和法理权威），还要理解其含义、基础和特点。

助记："传法力"。

小试牛刀

单选题

1. 下列权威中，在现代社会中占主导地位的是（　　）

A. 魅力权威　　B. 传统权威

C. 法理权威　　D. 激励权威

答案及解析：C。法理权威在现代社会中占主导地位，它是理性的；其他两种权威主要出现在传统社会中，它们是非理性的。

多选题

2. 韦伯将合法性权威分为（　　）

A. 传统权威　　B. 魅力权威

C. 法理权威　　D. 现代权威

E. 宗教权威

答案及解析：ABC。为了构建合法性的现代统治类型，韦伯将合法性权威分为传统权威、魅力权威和法理权威。

不同权威下的组织类型☆☆

1. 传统型组织

（1）含义：以传统权威为核心、以先例或惯例为基础的组织。

（2）特点：①世袭性；②封建家臣制，支配者与被支配者之间是主仆关系；③绝对性；④组织行为缺乏经济理性；⑤组织具有强烈的守旧性和宗教性。

2. 魅力型组织

（1）含义：又称神秘化组织或卡里斯马型组织，组织形态基于领导者的“超凡魅力”而产生。

（2）特点：①维系组织的基础是非理性的；②组织内部管理的非专业化；③组织的不稳定性。

3. 理性—合法型组织

（1）含义：又称科层制组织，以组织内部的各种规则为基础，人们对权威的服从以依法建立的等级体系为依据。

（2）特点：工业化时代以来占主导地位的组织形式，是“理性的科层制”、行政组织的标准模式。

名师解读 此知识点的易考题型为选择题和简答题。考生需理解不同组织类型及其特点。

可以发现，三种权威对应三类组织，可结合记忆。

（1）传统权威——传统型组织。

（2）魅力权威——魅力型组织。

（3）法理权威——理性—合法型组织。

这三种基于权威类型而形成的组织中，与传统权威相适应的组织的效率相对较差。

在韦伯看来，只有法理权威才能作为行政组织的基础。

小试牛刀

单选题

1. 在韦伯看来，可以作为行政组织基础的权威是（　　）

A. 传统权威　　B. 魅力权威

C. 法理权威　　D. 政治权威

答案及解析：C。在韦伯看来，只有法理权威才能作为行政组织的基础，这种与法理权威相适应的组织形式就是“理想的科层制”，也只有这种理想的科层制才是行政组织的标准模式。

多选题

2. 下列选项中，属于魅力型组织特点的是（　　）

A. 绝对性　　B. 非理性的

C. 非专业化　　D. 不稳定性

E. 世袭性

答案及解析：BCD。魅力型组织的特点：①维系组织的基础是非理性的；②组织内部管理的非专业化；③组织的不稳定性。选项 AE 为传统型组织的特点，可排除。

第四节　科层制组织的实践困境与理论发展

▶ 科层制组织的实践困境☆☆

（1）形式主义导致的效率悖论。

（2）压抑个性导致的创新缺失。

（3）本位主义导致的合作意识缺乏。

（4）文牍主义导致的积极性不足。

（5）权力垄断导致的反民主性。

此知识点的易考题型为简答题。考生需理解科层制组织的实践困境。

助记："文本压力形式"。

▶ 小试牛刀

简答题

简述科层制组织的实践困境。

答案：（1）形式主义导致的效率悖论。

（2）压抑个性导致的创新缺失。

（3）本位主义导致的合作意识缺乏。

（4）文牍主义导致的积极性不足。

（5）权力垄断导致的反民主性。

▶ 科层制组织理论的延续和发展☆☆

1. 米塞斯对科层制的辩证理解

路德维希·冯·米塞斯在《科层制度》中从人类行为入手，将科层制度界定为"一种行政技术和组织原则"。

（1）科层制度既是现代社会的一种主要现象，又控制和威胁着当时的各种社会组织。

（2）科层体制是一套自我封闭的体制，与资本主义市场经济体制相互平行。

（3）逐利的企业，才是健康的企业。

（4）不要过于寄希望于科层体制，科层体制是一种恶。

米塞斯对科层制的态度是“模棱两可”的。

2. 默顿、布劳等对科层组织反功能的分析

科层制中所具有的反功能是与科层制自身的内在平衡性需求相一致的。

（1）罗伯特·K·默顿。

“反功能”这一概念最早由罗伯特·K·默顿提出，主要是针对韦伯几乎只强调科层制的正面功能而提出的。他指出，科层制在提高了效率的同时，也具有明显的反功能，其主要表现为：刻板僵化、墨守成规、效率只针对例行事务，一旦特殊事件发生，既定条件改变，便反应迟钝，动作缓慢，这被称作“训练性无能”。

（2）彼得·布劳。

他认为科层制的反功能有：低效率，保守性和对革新的抵制，对社会阶级差别的固化。

科层制反功能的两个怪圈：一个怪圈是“科层制是没有能力修正自己错误的组织”，另一个怪圈是“如果与商业价值观一致，在决策中就需要一种基于荣誉和政治考虑的公共服务；如果与民主价值一致，公共服务人员就要满足选民的要求（并因此敏感于政治）。”

3. 古德塞尔对科层制的辩护

古德塞尔将对科层制的指责和批评分为来自大众媒体的指责和来自学术界的批评。他总结了学术界对科层制提出的“三大罪状”：低效率、政治权力的滥用、对个人的压抑。

古德塞尔主要从五个方面对科层制进行了辩护（见表3–1）。

表3–1　古德赛尔对科层制的辩护

五个方面	发现
分析科层制的调查数据	科层制并非像普遍认为的那么无效，官员的形象也并非一无是处
比较研究科层制	科层制组织并非人们所指责的那样拙劣
指出科层制已背负“不能承受之重”	由于人们对科层制提出了过多不现实的要求，以至于科层制因为无法满足人们的过分要求而受到诟病
剖析科层组织成员	官员并非完全面目可憎
考察科层制的规模	美国科层系统的规模属于适中而并非过于庞大

在为科层制辩护的同时，他也对学术界、实务界和普通公众提出了自己的建议。

（1）公共行政必须有自信发展自己的科层制理论。

（2）在研究、培训与顾问的过程中，学者应该减少对宏观解决方案的强调而致力于关注具体的改进方法。

4. 塞尔兹尼克对于科层组织内部授权的研究

菲利普·塞尔兹尼克对科层组织内部的授权问题进行了研究，他认为授权是科层制实行控制的需要。当组织规模达到一定程度后，由于个人能力的限制，组织必须进行分权和授权。授权的优点和弊端如下。

优点	弊端
科层组织的管理者将注意力集中在相对较少的问题上，还可以通过训练使组织成员在某一方面的能力得到增强。	导致分散主义和各个子单位间的利益冲突，增加人事变动的费用，造成对组织绩效不利的后果，降低科层制效率。

他提出了两个限制功能失调的“抑制因素”，即参与者对组织目标的内在化和组织多目标业务的有效性，以此来控制日常决策对组织目标偏离的倾向。

此知识点的易考题型为选择题和简答题。考生要对各个学者围绕科层制的辩护和研究进行理解运用，识记“反功能”的含义。

小试牛刀

单选题

最早提出“反功能”这一概念的是（　　）

A. 古德塞尔　　B. 路德维希·冯·米塞斯

C. 罗伯特·K·默顿　　D. 彼得·布劳

答案及解析：C。“反功能”这一概念最早由罗伯特·K·默顿提出，主要是针对韦伯几乎只强调科层制的正面功能而提出的。

本章易考知识点回顾

- 科层制组织理论
  - 科层制组织理论的产生
    - 源起：最早作为正规术语在官方文献中出现是在德国
    - 马克斯·韦伯：组织理论之父
    - 兴起条件
      - 社会分工的出现
      - 货币经济的存在
      - 大众化教育的普及
      - 理性精神的普遍认可
    - 理论和实践基础
      - 政治与行政的分离
      - 科学管理原理
      - 文官制度的确立
  - 科层制组织的特征与要素
    - 特征：专业化、层级化、规则化、非人格化、技术化
    - 要素体系：机构、角色、价值
  - 科层制组织理论的主要思想
    - 理论预设：“科层制精神”实际上就是一种“理性精神”
    - 合法性权威：传统权威、魅力权威和法理权威
    - 组织类型：传统型组织、魅力型组织和理性—合法型组织
  - 科层制组织的实践困境与理论发展
    - 实践困境
      - 形式主义导致的效率悖论
      - 压抑个性导致的创新缺失
      - 本位主义导致的合作意识缺乏
      - 文牍主义导致的积极性不足
      - 权力垄断导致的反民主性
    - 理论发展
      - 米塞斯对科层制的辩证理解
      - 默顿、布劳等对科层组织反功能的分析
      - 古德赛尔对科层制的辩护
      - 塞尔兹尼克对于科层组织内部授权的研究

第四章　人本主义组织理论

随着社会的发展，古典组织理论无法解决人们在实践中遇到的一些问题。人们需要更加符合人性的组织管理理论，人本主义组织理论应运而生，更强烈地影响组织理论的发展。

学习完本章内容，同学们需要掌握人本主义组织理论的含义，了解它的产生和发展，熟悉其代表人物的经典理论和观点，理解人本主义组织理论的意义。

第一节　人本主义组织理论的产生

知识点 1

人本主义概念的源起☆

人本主义的英文词汇是 Humanism，其来源和发展如图 4–1 所示。

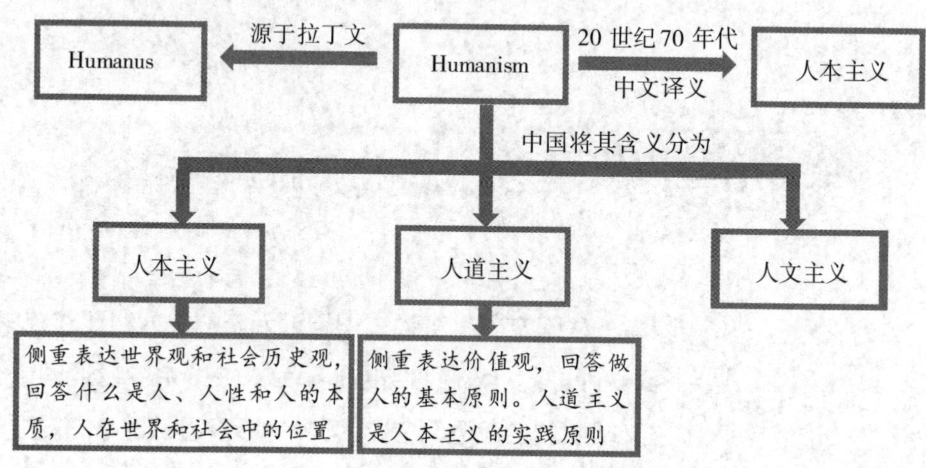

图 4–1　人本主义概念的源起示意图

（1）人本主义的本质是把人变为主体，号召人以主体的姿态面对整个世界；强调的核心是人的主体性，即人类主体性和个体主体性。人本主义就其本质而言就是以人为中心的主体主义。

（2）组织人本主义要求人们在分析、思考和解决一切问题时，要确立起人的尺度，实行人性化服务，树立人本意识。

此知识点的易考题型为选择题。考生对于人本主义的产生了解即可，主要识记人本主义的本质。

小试牛刀

单选题

人本主义的本质是（　　）

A. 尊重人的价值　　B. 把人变为主体

C. 人道主义　　D. 实行人性化服务

答案及解析：B。人本主义的本质是把人变为主体，号召人以主体的姿态面对整个世界。

知识点 2

人本主义组织理论的产生背景☆

以科学管理理论、科层制理论等为代表的古典组织理论的建立，为当时生产力的发展和社会进步提供了有利的理论武器。

人的因素在组织管理中日益重要。在如图 4–2 的背景下，20 世纪 30 年代，一种更注重“人”的因素的人本主义组织理论应运而生。

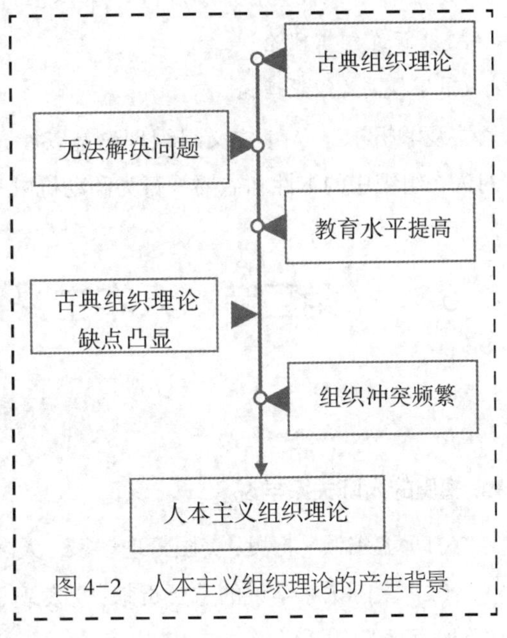

图 4–2　人本主义组织理论的产生背景

名师解读　本知识点为非常考知识点，可能出现选择题，考生注意理解人本主义组织理论的产生背景即可。

知识点 3

人本主义组织理论的提出☆☆

（1）含义：人本主义组织理论，是以社会心理学及行为科学的理论和研究为主要依据，对人在组织中的本性和需要、行为和动机以及工作中的人际关系进行分析研究的组织理论。

（2）研究内容：组织中人的社会心理因素、行为动机、工作者个人的工作生活质量、激励方法及效果、人性与组织等。

（3）代表人物：埃尔顿·梅奥、切斯特·巴纳德、亚伯拉罕·马斯洛、弗雷德里克·赫茨伯格、道格拉斯·麦格雷戈、阿吉里斯、戈尔姆比斯基等。

名师解读　本知识点的易考题型为选择题。考生需识记人本主义组织理论的含义，理解其研究内容。这些理论的内容、代表人物将会在后续章节中进行介绍。

小试牛刀

单选题

下列理论中，以社会心理学及行为科学的理论和研究为主要依据的是（　　）

A. 非正式组织理论　　B. 需要层次论

C. 人本主义组织理论　　D. 双因素理论

答案及解析：C。人本主义组织理论是以社会心理学及行为科学的理论和研究为主要依据，对人在组织中的本性和需要、行为和动机以及工作中的人际关系进行分析研究的组织理论。

第二节　人本主义组织理论的主要思想

梅奥的人际关系学说☆☆

（1）埃尔顿·梅奥：美国管理学家，人际关系学说的创始人。

（2）人际关系学说的重要贡献：①发现了霍桑效应，即一切由“被注意”引起的效应；②创立了人际关系学说。

（3）霍桑试验。

①揭开了作为“组织中的人”的行为研究的序幕。

②四个阶段：照明试验、继电器装配工人小组试验、大规模访谈和对接线板接线工作室的研究。

③结论总结：影响生产效率的根本因素不是工作条件，而是工人本身。

（4）人际关系学说的主要观点。

①工人是“社会人”而不是“经济人”。

②企业中存在“非正式组织”（见表 4-1）。

③满足工人的社会欲望，提高工人的士气，是提高生产效率的关键。

④采用新型的领导方法。

本知识点的易考题型为选择题和简答题。考生需了解埃尔顿·梅奥，理解霍桑效应和霍桑试验，识记人际关系学说的主要观点，辨识非正式组织与正式组织。

表 4-1　正式组织与非正式组织

组织	含义 / 特点
正式组织	为了实现组织总目标而担当有明确职能的机构。 以效率逻辑为其行为规范
非正式组织	职工在共同工作和生产中，自然形成一种行为准则或习惯，要求个人服从。 以感情逻辑为其行为规范

小试牛刀

多选题

下列关于人际关系学说的说法中，正确的是（　　）

A. 工人是“经济人”而不是“社会人”　　B. 工人是“社会人”而不是“经济人”

C. 企业中存在“非正式组织”　　D. 人际关系学说的创始人是埃尔顿 · 梅奥

E. 满足工人的社会欲望，提高工人的士气，是提高生产效率的关键

答案及解析：BCDE。美国管理学家埃尔顿 · 梅奥是人际关系学说的创始人，其主要观点是：①工人是“社会人”而不是“经济人”；②企业中存在“非正式组织”；③满足工人的社会欲望，提高工人的士气，是提高生产效率的关键；④采用新型的领导方法。

巴纳德的非正式组织理论☆☆

（1）切斯特 · 巴纳德：美国组织理论家和行政学家，西方现代管理理论系统组织理论的创始人，因此也被誉为“现代管理理论之父”。因为“诱因—贡献”公式和“冷漠区域”概念的运用，他被看作行政管理理性模式的先驱。

（2）“有效性”和“能率”原则。

①当一个组织系统协作得很成功，能够实现组织目标时，这个系统就是“有效性”的，它是系统存在的必要条件。

②系统的“能率”是指系统成员个人目标的满足程度，协作能率是个人能率综合作用的结果。

（3）非正式组织理论的主要观点。

①一个组织的生存和发展有赖于组织内部平衡与外部适应，所有的正式组织中都存在非正式组织，两者是协作中相互作用、相互依存的两个方面。

②组织的维持依赖于对人的动机的理解。

③人际关系比爱国主义更有力，有目的的合作是理性能力的最主要来源。

④巴纳德提出了“组织人”的概念，对行政人员最重要的要求就是忠诚，或者受“组织人格”的控制。组织应该受到个体协作而不是权威的驱动，以达成组织的共同目标。

名师解读 本知识点的易考题型为选择题。考生要了解切斯特·巴纳德，识记“有效性”和“能率”的含义，理解非正式组织理论的主要观点。

小试牛刀

单选题

现代管理理论系统组织理论的创始人是（　　）

A. 梅奥　　B. 巴纳德　　C. 马斯洛　　D. 赫茨伯格

答案及解析：B。切斯特·巴纳德是美国组织理论家和行政学家，西方现代管理理论系统组织理论的创始人，被誉为“现代管理理论之父”。

知识点 3

马斯洛的需要层次论☆☆

（1）亚伯拉罕·哈罗德·马斯洛：美国社会心理学家，人本主义心理学的主要创建者之一。

（2）需要层次论：马斯洛把人的需要划分为五个层次，包括生理的需要、安全的需要、感情的需要（爱和归属的需要）、尊重的需要、自我实现的需要，如图 4–3 所示。

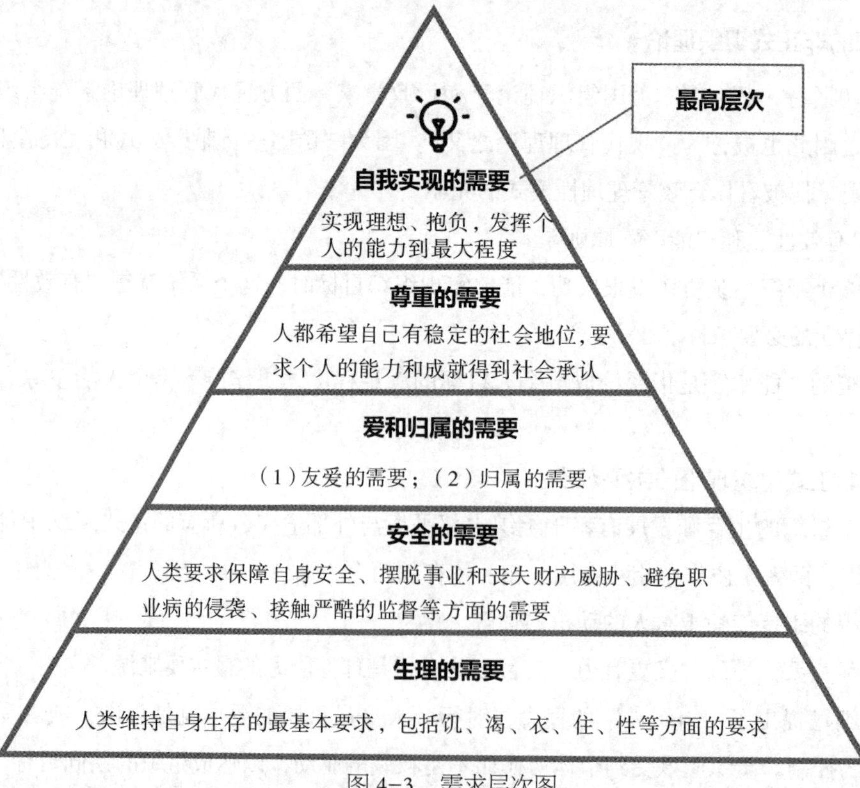

图 4–3　需求层次图

名师解读　本知识点的易考题型为选择题和简答题。

考生需要识记马斯洛的需求层次论，理解五个层次的含义，尤其是其最高层次为自我实现的需要，这也是一种创造的需要。

助记口诀："自尊情理安全"。

小试牛刀

单选题

根据马斯洛的需要层次论，最高层次的需要是（　　）

A. 生理的需要　　B. 安全的需要

C. 尊重的需要　　D. 自我实现的需要

答案及解析：D。自我实现的需要是最高层次的需要，也是一种创造的需要，它是指实现个人理想、抱负，发挥个人的能力到最大程度。

知识点 4

赫茨伯格的双因素理论☆☆

（1）双因素理论：又叫激励保健理论，是美国行为科学家费雷德里克·赫茨伯格提出的，也叫"双因素激励理论"。

（2）内容。

①激励因素：属于工作本身和工作内容方面的因素，是指能带来积极态度、满意、自我实现和激励作用的因素，它包括成就、赏识、挑战性的工作、责任和进步等五种因素。

②保健因素：属于工作环境和工作条件方面的因素，主要包括公司政策、管理措施、监督、人际关系、工作条件、工资、福利等。

（3）需要层次理论与双因素理论的关系：马斯洛提出的高层次需要其实就是赫茨伯格的所谓激励因素，而马斯洛列举的为维持生活所必需满足的低层次需要则相当于保健因素。二者关系如图 4-4 所示。

（4）双因素理论的应用：根据赫茨伯格的双因素理论，在调动员工积极性方面，可以分别采用以下两种基本做法。

①直接满足：又称为工作任务以内的满足。它是一个人通过工作所获得的满足，这种满足是通过工作本身和工作过程中人与人的关系得到的。

②间接满足：又称为工作任务以外的满足。这种满足不是从工作本身获得的，而是在工作以后获得的。

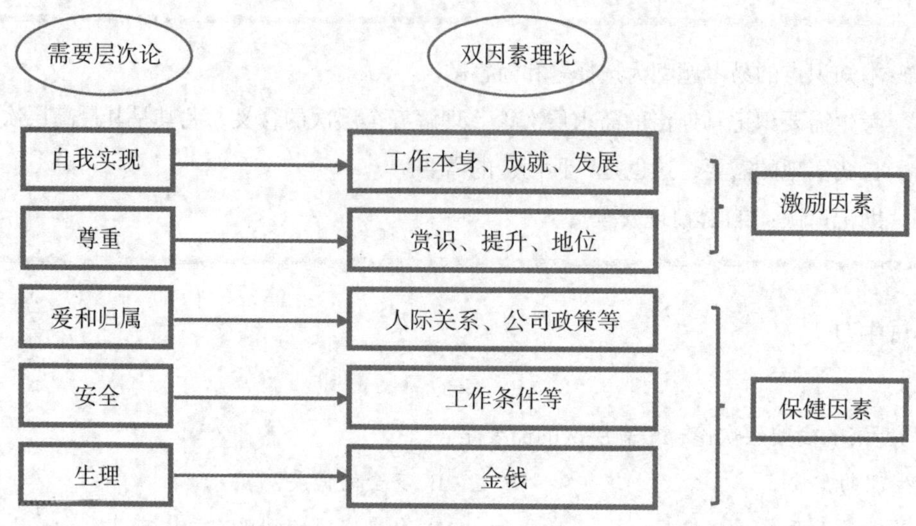

图 4-4　需要层次理论与双因素理论的关系

（5）双因素理论对组织管理的启示。

①采取了某项激励的措施并不一定就带来满意，要提高员工的积极性首先得注意保健因素，更重要的是利用激励因素来激发员工的工作热情和工作效率。

②在组织管理的实践中，要使奖金成为激励因素，必须使奖金与员工绩效相联系。

③双因素理论是在美国的社会和文化背景下提出的，与我国的国情不尽相同。组织的管理者在对员工进行激励时，必须要考虑到这种文化差异，因地制宜，制定有效的激励措施和采取有效的激励手段。

④组织应建立灵活的工资、奖金制度，防止僵化和一成不变，在工资、奖金分配制度改革中既注重公平又体现差别。

⑤激励是组织管理的重要环节，被认为是“最伟大的管理原理”。对员工进行激励的时候必须注意多种激励方式的综合运用，将物质激励和精神激励有机地结合起来。

本知识点的易考题型为选择题、判断题和简答题。

考生需要识记双因素理论的提出者，理解激励因素和保健因素的含义。知识点“双因素理论对于组织管理的启示”易出现在简答题中，考生需注意识记。

小试牛刀

单选题

根据双因素理论，工作本身和工作内容方面的因素是指（　　）

A. 激励因素　　B. 保健因素　　C. 心理因素　　D. 健康因素

答案及解析：A。双因素理论的内容包括激励因素和保健因素。（1）激励因素：属于工作本身和工作内容方面的因素，是指能带来积极态度、满意、自我实现和激励作用的因素，它包括成就、赏识、挑战性的工作、责任和进步等五种因素。（2）保健因素：属于工作环境和工作条件方面的因素，主要包括公司政策、管理措施、监督、人际关系、工作条件、工资、福利等。选项 CD 为无关干扰项，结合题意，本题选 A。

知识点 5

麦格雷戈的 X 理论—Y 理论☆☆

1．X 理论

X 理论是麦格雷戈关于把人的工作动机视为获得经济报酬的“实利人”的人性假设理论的命名。其主要观点如下。

（1）一般人生来就是懒惰、不求进取的，希望工作越少越好，所以总是设法逃避工作。

（2）多数人都没有雄心壮志，愿意接受别人的指挥或指导，而不愿主动承担责任。

（3）多数人的个人目标都是与组织的目标相矛盾的，必须用强制、惩罚的办法，才能迫使他们为实现组织目标而努力。

（4）激励只在生理和安全需要层次上起作用，只有金钱和地位才能鼓励他们努力工作。

（5）人习惯于守旧，反对变革，绝大多数人只有极少的创造力和想象力。

（6）人是缺乏理性的，一般不能控制自己，易受外界或他人影响。

2．Y 理论

麦格雷戈针对 X 理论的错误假设，提出了与之相反的 Y 理论，并把 Y 理论称为“人员管理工作的新理论”，是“个人目标和组织目标相结合”的理论。其主要观点如下。

（1）人并不是生来就懒惰的，而要求工作和劳动是人的本能。

（2）人们具有自我控制和自我监督的能力，即使没有外界的压力和处罚的威胁，他们也一样会努力工作以期达到目的。

（3）人们愿意为集体的目标而努力，在工作上会尽最大的努力，以发挥创造力、才智等。

（4）在正常条件下，一般人不但学会接受责任，而且追求承担责任。

（5）许多人具有相当高的创新能力去解决问题。

（6）在现代工业生活的条件下，一般人的智慧潜能只是部分地得到发挥。

3．麦格雷戈主张采用的管理办法

根据上述假设导出的组织原则就是“整合”，麦格雷戈主张采用的管理办法如下。

（1）扩大工作范围，尽可能把员工工作安排得富有意义，并具挑战性。

（2）满足其自尊和自我实现的需要，使员工达到自己激励。

（3）使个人需要和组织目标尽可能地结合在一起，以便把个人的智慧和能力充分发挥出来。

（4）根据不同的情况，因人而异地用启发与诱导来代替命令与服从，用信任与关怀来代替监督与惩罚。

4．“X 理论—Y 理论”的贡献

（1）阐述了人性假设与管理理论的内在关系，即人性假设是管理理论的哲学基础。

（2）提出了“管理理论都是以人性假设为前提的”重要观点，这表明麦格雷戈已揭示了“人本主义组织管理原理”的实质。

名师解读 本知识点的易考题型为选择题和判断题。

考生需理解 X 理论和 Y 理论的含义，进行对比记忆，并识记麦格雷戈主张采用的管理办法。

补充：X 理论——员工是机器，管理人员要实行“胡萝卜加大棒”的策略；麦格雷戈认为组织管理的关键问题是要在指导思想上变 X 理论为 Y 理论。

小试牛刀

单选题

把人的工作动机视为获得经济报酬的“实利人”的人性假设理论是指（　　）

A. Y 理论　　B. 人性与组织理论

C. X 理论　　D. 需要层次理论

答案及解析：C。X 理论是麦格雷戈关于把人的工作动机视为获得经济报酬的“实利人”的人性假设理论的命名。而 Y 理论是麦格雷戈针对 X 理论的错误假设提出的，并把 Y 理论称为“人员管理工作的新理论”，是“个人目标和组织目标相结合”的理论。本题注意区分选项 AC，正确答案为 C。

知识点 6

阿吉里斯的人性与组织理论☆

1．对个性的理解

阿吉里斯认为，组织中的个体作为健康的有机体，在人的个性方面，如同婴儿成长为成人一样，都不可避免地要经历从不成熟到成熟的发展过程。从婴儿到成人的成长过程中，个体的自我世界在不断扩大，社会中的个人总是表现出这样的倾向：从被动到主动，从依赖到独立，从有限的行为范畴到较大的行为范畴，从肤浅的兴趣到深刻的兴趣，从关注眼前小利到着眼长远，从从属地位到平等地位乃至上司的地位，从懵懂无知到启蒙觉醒。这些人格的每一个方面的发展都构成了更健全的成人人格的成长，进而促使个人不断向自我实现发展。

2. 对正式组织管理原则的批判

（1）正式组织对个性发展的阻碍。

①正式组织遵循的原则，是阻碍人性健康发展的罪魁祸首。

②正式组织排斥成熟的个性，却欢迎婴儿的个性。

（2）应对正式组织问题的途径。

①无论是对管理者还是对员工而言，一个有益的途径应该首先建立在对个人的成长和发展的基本趋向的理解上，然后设法把这些倾向趋势和组织的任务融合起来。

②管理者既必须了解自己，也必须了解别人，即必须从自己的体验中学习，又必须从他人的经历中学习。

③在“关于如何引领组织朝着更好的人与人之间的互相信任、更加开放的沟通，以及个人层面和组织层面更大的机动性等方向变迁”的问题上，阿吉里斯认为：首先，对原有的行为方式进行解冻，然后采用新的行为方式，并将这些新的行为方式适当地冻结。

（3）组织学习和干预者角色。

①作为管理学理论，学习型组织的源头来自阿吉里斯。阿吉里斯认为组织学习是所有组织都应该培养的一种技能，并强调指出优秀的组织总是在学习如何能更好地检测并纠正组织中存在的错误。组织学习越有效，组织就越能够不断创新并发现创新的障碍所在。

②在阿吉里斯看来，组织与个人在面对现代生活所特有的复杂性和动荡性时，必须探究自己的有效学习能力；在这一过程中，组织或个人会得到干预者的帮助。于是，阿吉里斯观点中的干预者，同时也成了研究者、教育者，更是变迁的发动者。

本知识点可不做重点掌握，但需要识记人性与组织理论的提出者是阿吉里斯。在考试中可能出现选择题或判断题。

知识点 7

戈尔姆比斯基的公共组织发展理论☆

1. 道德的管理

戈尔姆比斯基认为，“道德的敏感度与令人满意的产出和工人的满意度相关”。另外，戈尔姆比斯基还特别指出与经济生活相关的五种价值观。

（1）工作必须能被个人在心理上接受。

（2）工作必须允许个人去发展自己的才能。

（3）工作任务必须给予个人相当大的自我决定余地。

（4）工人必须有机会以一种有意义的方式去控制工作环境。

（5）组织不应该成为行为唯一和最终的仲裁者，无论是个人还是组织都应该受到外在道德秩序的支配。

2. 个人自由与管理控制

人际关系学派只是为管理控制提供更多的技术，一些在伦理道德基础上可以贩卖给工人的技术。

3.“终极价值”与组织发展

戈尔姆比斯基认为，在实验室途径中有五个引导个人与组织改变的价值取向。

（1）接受以相互接近和开放沟通为基础的询问。

（2）行为选择的意识和认知，特别是尝试新的行为及选择被认为是最有效的行为意愿。

（3）权威的合作性概念，强调在公开检讨问题时的合作及意愿并注意这些问题的解决。

（4）互相帮助的关系，彼此间具有共同的团体感和对于他人的责任感。

（5）人际关系中的真诚态度。这些价值取向不仅决定了实验室活动的组成，也为作为整体的组织提供了一种模式。

这些价值取向既是干预者的指导原则，也是干预者试图在组织中建立的终极价值观念。

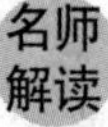
名师解读

本知识点可不做重点掌握，但需识记公共组织发展理论的提出者是戈尔姆比斯基，理解其相关理论的含义，在考试中可能出现选择题或判断题。

第三节　人本主义组织理论简评

知识点 1

人本主义组织理论的基本观点☆☆

（1）组织的心理—社会性。

（2）组织是一个协作平衡系统。

（3）非正式组织的影响力。

（4）组织的沟通。

（5）组织的人格整合性。

名师解读　本知识点属于本小节的重难点知识，需考生识记掌握，易考题型为选择题或简答题。

知识点 2

与古典组织理论的比较☆

与古典组织理论相比，人本主义组织理论具有如下优点。

（1）强调“人性”作用而非“机械”的作用。

（2）强调“动态”而非“静态”。

（3）强调“心理”而非“生理”。

（4）强调“组织功能”而非“组织结构”。

（5）既重视“正式的”，也重视“非正式的”。

名师解读　本知识点需考生理解、领会，考试中可能出现简答题或判断题。

补充：人本主义组织理论和古典组织理论之间并非严格对立，它是对古典组织理论的补充。此外，二者还有相似之处。

（1）寻找普遍原则，设计和管理组织的普遍适用的具体方法。

（2）建立一个封闭的、一劳永逸的组织体系。

（3）塑造一类理性的、知足的人。

知识点 3

人本主义组织理论的缺陷☆

（1）人本主义组织理论家们多是抽象地研究人的本性和人的行为，并用封闭的观点来研究组织，没有将其与组织条件、外部环境、社会制度或生产关系联系起来。

（2）人本主义组织理论研究的对象是人，人有思想、有意识、变化多样，差异甚大，从而带来研究结果的可靠性及置信度等问题。

（3）人本主义组织理论提出的一些命题，像满意的工人是生产能力较高的人、正式结构限制自我实现的满足等，也受到现代组织理论家们的批判。

本知识点不属于常考知识点，考生理解即可。

本章易考知识点回顾

- 人本主义组织理论
  - 人本主义组织理论的产生
    - 源起
      - 人本主义的本质是把人变为主体
    - 产生背景
      - 古典组织理论的建立提供了理论武器
    - 代表人物
      - 埃尔顿·梅奥、切斯特·巴纳德、亚伯拉罕·马斯洛、弗雷德里克·赫茨伯格、道格拉斯·麦格雷戈、阿吉里斯、戈尔姆比斯基等
  - 人本主义组织理论的主要思想
    - 梅奥的人际关系学说
      - 霍桑试验
        - 揭开了作为“组织中的人”的行为研究的序幕
      - 主要观点
        - 工人是“社会人”而不是“经济人”
        - 企业中存在“非正式组织”
        - 满足工人的社会欲望，提高工人的士气，是提高生产效率的关键
        - 采用新型的领导方法
    - 巴纳德的非正式组织理论
      - 巴纳德
        - 现代管理理论之父
      - “有效性”和“能率”原则
    - 马斯洛的需要层次论
      - 观点
        - 生理的需要
        - 安全的需要
        - 感情的需要（爱和归属的需要）
        - 尊重的需要
        - 自我实现的需要
    - 赫茨伯格的双因素理论
      - 观点
        - 激励因素
          - 属于工作本身和工作内容方面的因素
        - 保健因素
          - 属于工作环境和工作条件方面的因素
      - 应用
        - 直接满足
        - 间接满足
      - 启示
    - 麦格雷戈的X理论—Y理论
      - X理论
        - 一般人生来就是懒惰、不求进取的
      - Y理论
        - 人并不是生来就懒惰的，而要求工作和劳动是人的本能
    - 阿吉里斯的人性与组织理论
    - 戈尔姆比斯基的公共组织发展理论
  - 人本主义组织理论简评
    - 基本观点
      - 组织的心理—社会性
      - 组织是一个协作平衡系统
      - 非正式组织的影响力
      - 组织的沟通
      - 组织的人格整合性
    - 与古典组织理论的比较
      - 强调“人性”作用
      - 强调“动态”
      - 强调“心理”
      - 强调“组织功能”
      - 既重视“正式的”，也重视“非正式的”

第五章　网络型组织理论

随着生产力的提高、信息技术的广泛应用，网络型组织的概念逐渐出现在人们眼前。

通过本章内容的学习，同学们需要了解网络型组织的产生背景及其原因，掌握网络型组织的含义及特点，理解网络型组织与传统科层制组织的区别，了解网络型政府的优势及挑战，并掌握构建网络型政府组织的策略。

第一节　网络型组织理论的产生

知识点 1

网络型组织的源起☆

（1）思想萌芽：罗纳德·哈里·科斯的《论生产的制度结构》。

（2）理论基础：理查德森从互补性活动的角度为网络组织的存在提供了一种正式的理论基础，他指出“企业只是从生产和服务过程（价值链）中截取某些阶段从事分工活动”。

（3）最早出现：最早提出最为接近网络组织概念的是奥利弗·威廉姆森。

名师解读 本知识点不属于常考知识点，考生理解即可。

知识点 2

网络型组织产生的深层根源☆☆

（1）时代背景特征：知识经济时代的非理性、不确定性特征。

（2）传统模式弊端：科层制组织日益显现的弊端。

（3）信息技术发展：为网络型组织提供了直接的技术支持。

（4）企业实践基础：发达国家大型企业的组织结构调整。

①内部管理扁平化。

②发展“增值伙伴关系”。

（5）学科理论基础：相关学科的理论发展。

网络型组织近年来的迅猛发展与其深刻的理论基础密不可分。具体而言，主要有经济学与管理学两大学科的六种理论。

①分工与专业化理论。

②交易成本经济学。

③资源外取理论。

④共同管理经济理论。

⑤企业竞争战略理论。

⑥团队生产理论。

本知识点需考生理解网络型组织产生的深层根源，可能出现选择题或简答题。助记口诀："学习（息）时代传统企业"。

小试牛刀

多选题

网络型组织产生的深层根源主要有（　　）

A. 时代背景特征　　B. 传统模式弊端

C. 信息技术发展　　D. 企业实践基础

E. 学科理论基础

答案及解析：ABCDE。网络型组织产生的深层根源主要有：（1）时代背景特征；（2）传统模式弊端；（3）信息技术发展；（4）企业实践基础；（5）学科理论基础。综上可知，本题的正确答案为 ABCDE。

知识点 3

网络型组织的含义☆☆

（1）含义：网络型组织是一种基于共同目标或价值取向的合作竞争型的准市场组织，是介于市场和企业之间的一种制度安排。它以独立个体或群体为结点，以彼此之间复杂多样的经济联结为线路形成互相依赖、动态灵活的分工协作系统，网络型组织中的企业行为由相互之间的关系所决定，本质上是一种价值互补关系。

（2）特点。

①网络型组织是企业及社会组织之间的一种制度安排。

②其形成具有很强的自组织性。

③信息技术在网络型组织中至关重要。

④交互作用的网络关系能够达到价值和能力的互补。

⑤网络结点及其联结方式具有多样性和层次性。

⑥具有动态开放性、创新性和边界模糊性。

⑦组织成员具有共同目标。

⑧自学习性是其生存发展的重要源泉。

⑨信任与协调是其运行的基本保障。

⑩强调以客户需求为导向。

⑪网络型组织是超越了法人实体的多边联系。

名师解读　本知识点需考生理解并识记网络型组织的含义和特点，易考题型为选择题、判断题或简答题。

第二节　网络型组织的特征与要素

知识点 1

网络型组织的构成要素☆☆

网络型组织的构成要素分为有形要素和无形要素，如图 5-1 所示。

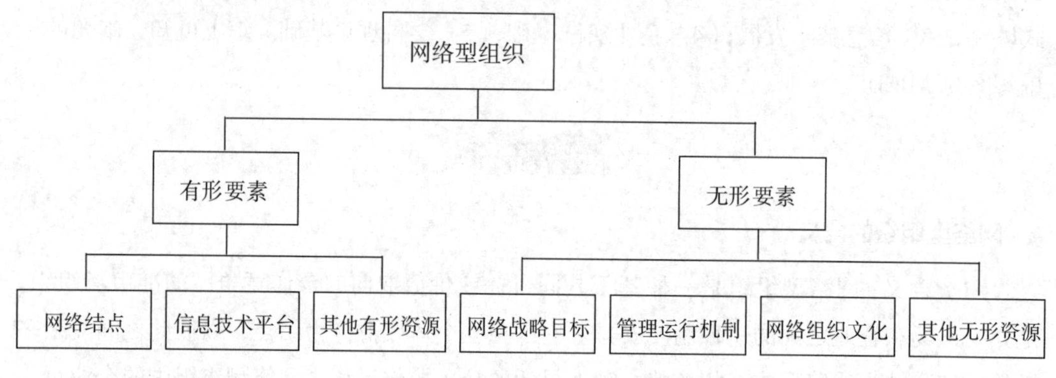

图 5-1　网络型组织的构成要素

补充说明：

①结点是构成网络型组织的基本要件，是建立网络型组织的前提。网络结点可以是独立的企业，也可以是其他社会组织（如学校、科研机构）。

②信息技术平台是网络型组织有效运行的技术支撑和硬件保障，包括信息、通信技术和信息网络技术。

③网络战略目标是网络型组织形成、运作、发展和进化的指南。

④管理运行机制是网络型组织的调节器，机制到位就会对合作成员的行为发生有效的协调、约束与激励作用，从而使网络型组织处于良好的运行状态。

本知识点需考生理解网络型组织的构成要素，重点识记网络结点。易考题型为选择题或判断题。

小试牛刀

单选题

构成网络型组织的无形要素不包括（　　）

A. 网络战略目标　　B. 管理运行机制

C. 网络组织文化　　D. 信息技术平台

答案及解析：D。网络型组织的构成要素分为有形要素和无形要素。构成网络型组织的无形要素包括：（1）网络战略目标；（2）管理运行机制；（3）网络组织文化；（4）其他无形资源。选项 D 属于构成网络型组织的有形要素。

知识点 2

网络型组织的治理机制☆☆☆

（1）利益相关者共同参与。

（2）简单灵活且具动态性和前瞻性。

（3）网络型组织的治理机制介于自动调解和强制调解之间。

（4）重视隐含契约在网络型组织治理过程中的重要作用。

隐含契约包含四个主要因素：限制性进入、共同文化、信任与声誉，它们对网络治理机制具有综合的作用。

本知识点需考生理解网络型组织的治理机制，并能够简单应用。

易考题型为简答题或案例分析题。

补充：（1）利益相关者共同参与是网络有效治理机制的核心。

（2）企业间网络治理的关键问题是如何对网络型组织中的伙伴关系进行治理，使每一成员都能尽其所能、同舟共济。

小试牛刀

单选题

网络有效治理机制的核心是（　　）

A. 社会成员共同参与　　B. 网络组织者共同参与

C. 利益相关者共同参与　　D. 企业成员共同参与

答案及解析：C。利益相关者共同参与是网络有效治理机制的核心。选项 ABD 为无关干扰项。

第三节　构建网络型政府组织

网络型政府组织的产生背景及其含义☆☆

1. 产生背景

（1）第三方公共服务领域的发展是网络型政府组织产生的决定性因素。

（2）协同政府的出现为政府网络化组织模式的发展提供了内在驱动力。

（3）数字化革命的到来为网络化行政组织模式提供了技术支持。

（4）公民选择的多元化与个性化是网络化政府组织模式产生的外部需求。

2. 网络型政府组织的含义

网络型政府模式实际上是上述四种产生背景的集合，将第三方政府高水平的公私合作特性与协同政府充沛的网络管理能力结合起来，然后利用数字化的技术手段将网络连接到一起，并在服务运行方案中给予公民更多的选择权和自主权。因此，网络型政府组织是指一种借助数字化技术手段，公共服务体现公民选择权和自主权，具有高公私合作和高网络管理能力的组织模式。

不同类型的政府组织模式在公私合作程度和网络管理能力方面都存在差别，如图 5-2 所示。

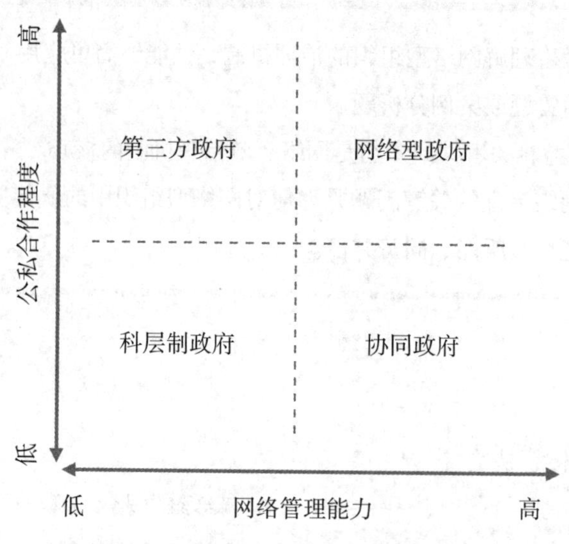

图 5-2　不同政府组织模式的特点比较

在低公私合作程度和低网络管理能力的情况下，政府主要采取科层制模式。

在低公私合作程度和高网络管理能力的情况下，政府倾向于采取协同政府模式。

在高公私合作程度和低网络管理能力的情况下，政府倾向于采取第三方组织的模式。

在高公私合作程度和高网络管理能力的情况下，政府倾向于采取网络化模式。

名师解读 本知识点需考生理解网络型政府组织的产生背景，识记网络型政府组织的含义，易考题型为选择题、判断题或简答题。

小试牛刀

单选题

网络型政府组织产生的决定性因素是（　　）

A. 第三方公共服务领域的发展　　B. 协同政府的出现

C. 数字化革命的到来　　D. 公民选择的多元化与个性化

答案及解析：A。网络型政府组织的产生背景：（1）第三方公共服务领域的发展是网络型政府组织产生的决定性因素；（2）协同政府的出现为政府网络化组织模式的发展提供了内在驱动力；（3）数字化革命的到来为网络化行政组织模式提供了技术支持；（4）公民选择的多元化与个性化是网络化政府组织模式产生的外部需求。故本题选 A。

知识点 2

网络型政府组织的类型☆☆

1. 按政府参与程度分类（根据参与程度由高到低）

（1）服务合同式。

（2）供应链式。

（3）专门类型式（主要是临时性的）。

（4）渠道性伙伴关系式。

（5）联结交换台式。

（6）信息传播式。

2. 按集成者由谁担任分类

（1）政府作为集成者的网络型组织。

（2）网络内部组织成员作为集成者的网络型组织。

（3）第三方组织作为集成者的网络型组织。

名师解读 本知识点需考生理解网络型政府组织的分类，按“政府参与程度”和“集成者”两类进行记忆。考试中可能出现选择题或简答题。

小试牛刀

单选题

下列选项中，不属于网络型政府组织按照政府参与程度进行分类的是（　　）

A. 服务合同式　　B. 供应链式　　C. 专门类型式　　D. 服务管理式

答案及解析：D。网络型政府组织的类型按政府参与程度由高到低可以分为六种：（1）服务合同式；（2）供应链式；（3）专门类型式；（4）渠道性伙伴关系式；（5）联结交换台式；（6）信息传播式。故本题选 D。

知识点 3

网络型政府组织的优势☆☆

（1）专门性。

（2）创新性。

（3）迅捷性与灵活性。

（4）扩大的影响力。

名师解读　本知识点需考生理解网络型政府组织的优势，易考题型为选择题或简答题。

记忆关键词：（1）专门；（2）创新；（3）迅捷 / 灵活；（4）影响力。

口诀："影讯（迅）专窗（创）"。

知识点 4

网络型政府组织的挑战☆☆

（1）达成一致目标的挑战。

（2）提供适度监督的挑战。

（3）防止沟通失败的挑战。

（4）进行充分协调的挑战。

（5）克服数据不足的挑战。

（6）提升政府管理能力的挑战。

（7）维持稳定性与灵活性的挑战。

名师解读　网络型政府组织的挑战属于本小节的难点，需考生理解记忆，并在案例中能够灵活运用。考试中可能出现选择题、论述题或案例分析题。

尚考通

知识点 5

构建网络型政府组织的措施☆☆☆

（1）确定使命与战略。

（2）启动战略。

（3）选择参与者。需对以下内容进行评估。

①价值观和文化兼容性。

②经营能力和声誉。

③亲近顾客的能力。

（4）确定正确的组织模式。

①政府需要怎样的参与程度。

②选择谁作为网络集成者。

名师解读　对于构建网络型政府组织的措施，考生需要进行综合应用。这类知识点容易出现在案例分析题或简答题中，需识记。

小试牛刀

单选题

简述构建网络型政府组织的措施。

答案:（1）确定使命与战略。

（2）启动战略。

（3）选择参与者。

（4）确定正确的组织模式。

本章易考知识点回顾

- 网络型组织理论
  - 网络型组织理论的产生
    - 源起
      - 思想萌芽：罗纳德·哈里·科斯的《论生产的制度结构》
      - 最早出现：最早提出最为接近网络组织概念的是奥利弗·威廉姆森
    - 深层根源
      - 时代背景特征：知识经济时代的非理性、不确定性特征
      - 传统模式弊端：科层制组织日益显现的弊端
      - 信息技术发展：为网络型组织提供了直接的技术支持
      - 企业实践基础：发达国家大型企业的组织结构调整
      - 学科理论基础：相关学科的理论发展
  - 网络型组织的特征与要素
    - 网络型组织的含义
      - 介于市场和企业之间的一种制度安排
    - 网络型组织的特点
    - 构成要素
      - 有形要素
        - 网络结点
        - 信息技术平台
        - 其他有形资源
      - 无形要素
        - 网络战略目标
        - 管理运行机制
        - 网络组织文化
        - 其他无形资源
    - 治理机制
      - 利益相关者共同参与
      - 简单灵活且具动态性和前瞻性
      - 网络型组织的治理机制介于自动调解和强制调解之间
      - 重视隐含契约在网络型组织治理过程中的重要作用
  - 构建网络型政府组织
    - 产生背景
      - 第三方公共服务领域的发展是网络型政府组织产生的决定性因素
      - 协同政府的出现为政府网络化组织模式的发展提供了内在驱动力
      - 数字化革命的到来为网络化行政组织模式提供了技术支持
      - 公民选择的多元化与个性化是网络化政府组织模式产生的外部需求
    - 含义
      - 一种借助数字化技术手段，公共服务体现公民选择权和自主权，具有高公私合作和高网络管理能力的组织模式
    - 组织类型
      - 按政府参与程度分类
        - 服务合同式
        - 供应链式
        - 专门类型式
        - 渠道性伙伴关系式
        - 联结交换台式
        - 信息传播式
      - 按集成者由谁担任分类
        - 政府作为集成者的网络型组织
        - 网络内部组织成员作为集成者的网络型组织
        - 第三方组织作为集成者的网络型组织
    - 优势
      - 专门性
      - 创新性
      - 迅捷性与灵活性
      - 扩大的影响力
    - 挑战
      - 达成一致目标的挑战
      - 提供适度监督的挑战
      - 防止沟通失败的挑战
      - 进行充分协调的挑战
      - 克服数据不足的挑战
      - 提升政府管理能力的挑战
      - 维持稳定性与灵活性的挑战
    - 构建措施
      - 确定使命与战略
      - 启动战略
      - 选择参与者
      - 确定正确的组织模式

第六章　行政组织目标

行政组织目标是指行政组织为了实现特定的未来状态而设定的一种可以激励组织及其成员投入特定资源，并且可以用作组织管理工具的公共导向。

学习本章内容后，同学们要了解行政组织目标管理的优缺点、行政组织内部与外部的目标，掌握行政组织目标的作用，理解和运用目标管理的具体方法。

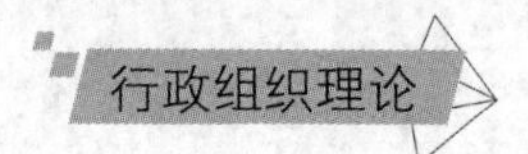

第一节　行政组织目标概述

知识点 1

行政组织目标的含义☆

（1）组织目标：①对活动有公共指向性；②代表未来状态；③需投入特定资源；④有评估绩效的工具作用。

（2）行政组织目标：行政组织为了实现特定未来状态而设定的一种可以激励组织及其成员投入特定资源，并且可以用作组织管理工具的公共导向。

> **名师解读** 组织目标是行政组织建立、运转、发展的深层原因。
> （此知识点不是常考知识点，同学们理解即可。）

知识点 2

行政组织目标的特征☆☆

行政组织目标的特征如图 6-1 所示。

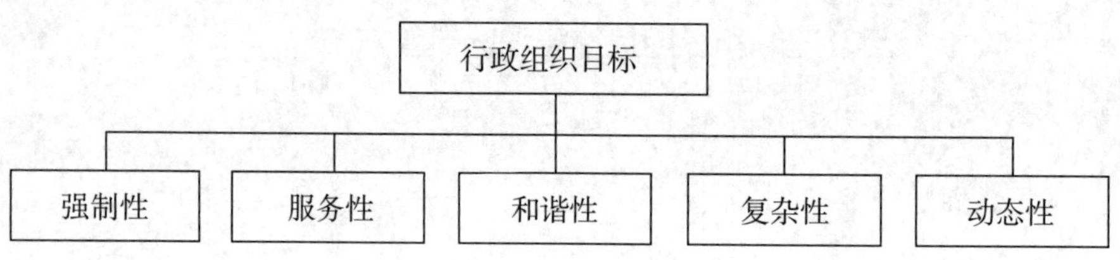

图 6-1　行政组织目标的特征

> **名师解读** 行政组织目标的特征如下所述。
> （1）强制性：①行政组织对组织目标的选择权力很小；②行政组织目标对组织成员的约束性特别强。
> （2）服务性：组织目标服务于公民、行政组织以及其成员。
> （3）和谐性：需要兼顾相互冲突的目标类型。
> （4）复杂性：由行政组织的职责所决定。
> （5）动态性：与时俱进。

真题小练

单选题

1.（2017 年 10 月 全国）下列不属于行政组织目标特征的是（　　）

A. 非强制性　　B. 服务性　　C. 复杂性　　D. 动态性

答案及解析：A。行政组织目标的特征：强制性、服务性、和谐性、复杂性和动态性。

2.（2013 年 10 月 全国）行政组织目标需要兼顾相互冲突的目标类型，表明它具有（　　）

A. 复杂性　　B. 和谐性　　C. 动态性　　D. 服务性

答案及解析：B。在现实中，行政组织目标往往需要兼顾一些相互冲突的目标类型：长期目标与短期目标，经济目标与文化目标，强制性目标与服务性目标，内部目标与外部目标，表明行政组织目标具有和谐性。

小试牛刀

多选题

一般而言，行政组织目标的主要特征有（　　）

A. 强制性　　B. 服务性　　C. 和谐性　　D. 稳定性

E. 动态性

答案及解析：ABCE。行政组织目标的特征：强制性、服务性、和谐性、复杂性、动态性。

行政组织目标的作用☆☆

行政组织目标的作用如图 6–2 所示。

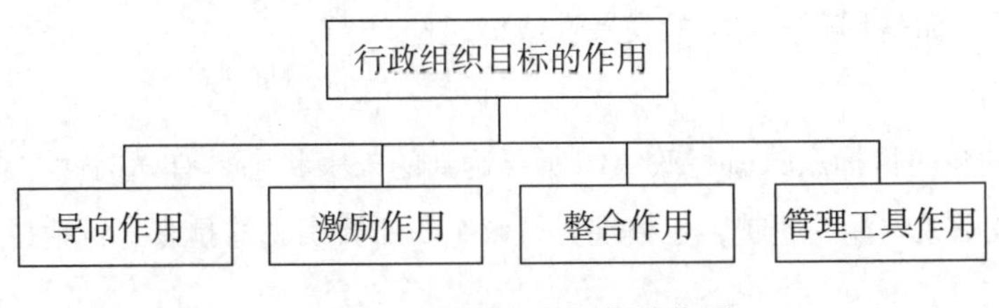

图 6–2　行政组织目标的作用

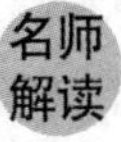

行政组织目标的作用如下所述。

（1）导向作用：以目标为导向去吸引资源。

（2）激励作用：运用目标激励员工。

（3）整合作用：有了目标后，所有组织成员、资源都要为目标服务。

（4）管理工具作用：未达到目标的成员会被淘汰。

真题小练

多选题

（2016 年 10 月 全国）行政组织目标的作用主要有（　　）

A. 导向作用　　B. 激励作用

C. 整合作用　　D. 宣传作用

E. 管理工具作用

答案及解析：ABCE。行政组织目标的作用为导向作用、激励作用、整合作用、管理工具作用。

小试牛刀

文字题

简述行政组织目标的作用。

答案：行政组织目标的作用如下所述。

（1）导向作用。（2）激励作用。（3）整合作用。（4）管理工具作用。

第二节　行政组织目标的结构与类型

知识点 1

行政组织目标的结构☆☆

1. 纵向目标

行政组织的纵向目标意味着行政组织所要达到的未来状态具有纵向性，它不是对原有目标的简单重复，而是具有方向上的发展性或传递性。

2. 横向目标

行政组织的横向目标意味着行政组织所要达到的未来状态具有横向性，它是对行政组织原有目标的范围或内涵的超越，也体现为行政组织所要实现的具有平行地位的目标。

3. 外部目标

行政组织的外部目标是组织存在的基础，没有外部目标就没有行政组织的存在，行政组织只有通过实现外部目标才能生存和发展。如财政部的外部目标是为中央政府和全国人大提供财政预算文件，为各个省、自治区和直辖市提供预算编制指导，组织和实施全国范围内的一些财经类职称或职业资格考试。

4. 内部目标

为了实现外部目标，组织需要调动组织成员的积极性，改善内部管理，更好地运用内部资源，这些都涉及组织内部目标的实现。

5. 战略目标

战略目标是行政组织在特定时限后所设想要达到的一种状态，它的未来指向性很强、激励作用明显。

6. 战术目标

战术目标是行政组织在短时期内所要达到的一种状态，它具有较强的确定性与量化特性，需要投入的资源不多。

行政组织目标的结构包括六个方面。

（1）纵向目标：发展性和自上而下，属于时间范畴。

（2）横向目标：对原目标的范围和内涵的超越，属于空间范畴。

（3）外部目标：实现外在的价值，如向希望工程捐款10万元。

（4）内部目标：实现本身的价值，如组织内部要盈利10万元。

（5）战略目标：中长期目标。如国家人力资源和社会保障部为了加快高层次人才的培养速度，优化人才结构，制定了一系列人才规划，包括“百千万人才工程”等。

（6）战术目标：短期、简单目标。

真题小练

单选题

（2016年10月 全国）向中央人民政府和全国人大提供财政预算文件，组织和实施全国内的一些财经类职称或职业资格考试，这属于行政组织的（　　）

A. 外部目标　　B. 内部目标　　C. 纵向目标　　D. 横向目标

答案及解析：A。外部目标是组织需要为外部主体提供的一种未来状态，也是对组织及其成员的一种发展指向。例如，财政部的外部目标是为中央政府和全国人大提供财政预算文件，为各个省、自治区和直辖市提供预算编制指导，组织和实施全国范围内的一些财经类职称或职业资格考试，这些目标的实现主要就是服务于外部主体。

小试牛刀

单选题

“百千万人才工程”致力于培养高层次人才，这属于行政组织的（　　）

A. 纵向目标　　B. 横向目标　　C. 战略目标　　D. 战术目标

答案及解析：C。战略目标是行政组织在特定时限后所设想要达到的一种状态，它的未来指向性很强、激励作用明显。例如，国家人力资源和社会保障部为了加快高层次人才的培养速度，优化人才结构，制定了一系列人才规划，包括“百千万人才工程”等，这些战略目标需要经过长期努力才能实现。

知识点 2

行政组织目标的类型☆

行政组织目标的类型如图 6-3 所示。

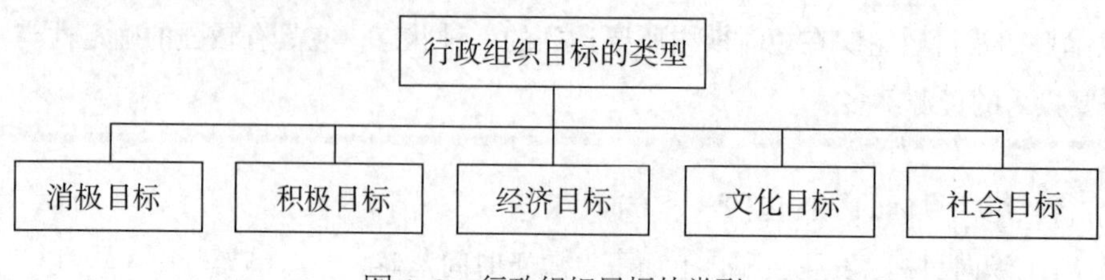

图 6-3　行政组织目标的类型

名师解读 行政组织目标的类型如下所述。

（1）消极目标：限制性目标，规制特定主体的某种行为，以免公共利益受损。例如，随地吐痰会被罚款、工商部门为保护消费者利益而设定的产品执法检查目标。

（2）积极目标：发展、激励性目标。例如，积极纳税者，政府会给予奖励。

（3）经济目标：经济要达到的标准。

（4）文化目标：如人均图书数量、人均阅读时间、人均歌舞剧演出场次数。

（5）社会目标：如人口控制、贫富差距的缩减。

小试牛刀

单选题

工商部门为保护消费者利益而设定的产品执法检查目标属于（　　）

A. 积极目标　　B. 社会目标

C. 经济目标　　D. 消极目标

答案及解析：D。行政组织的消极目标是一种具有较强的限制性的目标，它主要是用来规制特定主体的某种行为，以免公共利益受到损害。如各级工商行政管理部门和质量技术监督部门为了防止假冒伪劣产品危害消费者的利益，侵犯合法厂家的正当权益、维护市场秩序，往往制定一些针对性强的法律法规并设定执法检查目标，这就是消极目标。

第三节　行政组织的外部目标与内部目标

行政组织目标的二分法☆

（1）以政府为主的行政组织存在的主要理由是解决市场失灵问题，包括提供公共产品、克服外部性、干预自然垄断、弥补交易市场上的信息不完全等缺陷。

（2）外部目标是行政组织存在和发展的根据和导向，内部目标是行政组织实现外部目标的依托。

名师解读　行政组织目标的二分法如下所述。

（1）外部目标是行政组织存在和发展的根据和导向（为了完成什么样的目标，便会建立什么样的行政组织）。

（2）内部目标是行政组织实现外部目标的依托（只有先实现内部目标，使组织内部变强大，才能实现外部目标）。

知识点 2

行政组织的外部目标☆☆☆

行政组织的外部目标如图 6–4 所示。

维护社会公平	一般而言，社会公平是指机会公平和结果公平的统一、生产行为激励机制和社会正义供给制度的有机统一。行政组织追求的社会公平目标是终极价值和工具性价值的统一
提高社会生产效率	社会生产效率是对一个社会的生产投入与产出、成本与收益的比例关系的衡量
回应社会公众的要求	回应社会公众的要求是指行政组织通过获取社会公众对政府管理的各种要求，并将这些要求进行整合，然后根据行政组织的实际情况，采取具体行动对这些要求加以满足和实现的行为过程
提供公共服务	提供公共服务是行政组织的安身立命之所在，这是它区别于其他组织的显著特征

图 6–4　行政组织的外部目标

名师解读 行政组织的外部目标如下所述。

（1）维护社会公平。

（2）提高社会生产效率。

（3）回应社会公众的要求。

（4）提供公共服务（行政组织存在之根本，区别于其他组织的显著特征。国家行政组织可以提供公共服务，而其他的组织提供不了）。

真题小练

单选题

1.（2013 年 1 月 全国）下列属于行政组织外部目标的是（　　）

A. 绩效管理　　B. 机关管理

C. 组织发展　　D. 提高社会生产效率

答案及解析：D。行政组织的外部目标主要包括维护社会公平、提高社会生产效率、回应社会公众的要求和提供公共服务。

多选题

2.（2012 年 1 月 全国）具体而言，行政组织的外部目标主要包括（　　）

A. 维护社会公平　　B. 提高社会生产效率

C. 回应公众的要求　　D. 提供公共服务

E. 促进组织发展

答案及解析：ABCD。具体而言，行政组织的外部目标主要包括维护社会公平、提高社会生产效率、回应社会公众的要求和提供公共服务。

小试牛刀

文字题

简述行政组织的外部目标。

答案：行政组织的外部目标如下所述。

（1）维护社会公平；（2）提高社会生产效率；（3）回应社会公众的要求；（4）提供公共服务。

知识点 3

行政组织的内部目标☆

1. 管理资源

行政组织的资源主要包括人力资源、公共权力、公共资金等。

2. 绩效管理

行政组织中的绩效管理是指，绩效管理主体通过设定明确的绩效目标和测量标准，对组织成员及组织自身的工作成效进行测量并据此得出考核结果，采取相应的奖惩措施以提高行政组织绩效的管理活动。

3. 机关管理

机关管理指行政组织的领导及其成员为了优化办公环境，有效实现组织目标而依据相关规定对机关的财务、设施和设备等实施的管理活动。

4. 组织发展

行政组织发展是指行政组织为适应内外环境及条件的变化，适时、有效地对组织的目标、结构及组成要素等进行调整和修正。

名师解读 在行政组织资源管理中，有三个管理层次。

（1）高层次管理者负责根据组织的整体目标拟定资源使用规划。

（2）中间层次的管理者负责协调。

（3）基层组织成员负责实现具体的组织目标。

（本知识点不属于常考知识点，同学们理解即可。）

真题小练

多选题

（2012 年 10 月 全国）行政组织内部目标有（　　）

A. 整合管理资源　　B. 更新管理理念

C. 完善机关管理　　D. 推动组织发展

E. 提升管理绩效

答案及解析：ACDE。行政组织的内部目标有：管理资源、绩效管理、机关管理、组织发展。

小试牛刀

单选题

在行政组织资源管理中，负责根据行政组织的整体目标拟定资源使用规划的是（　　）

A. 高层管理者　　B. 中层管理者

C. 基层管理者　　D. 一般科员

答案及解析：A。在行政组织资源管理中，有三个管理层次：高层次管理者是组织的领导层，负责根据行政组织的整体目标拟定资源使用规划；中间层次的管理者负责协调基层组织成员的资源使用要求；基层组织成员负责具体运用组织资源实现具体的组织目标。

第四节　行政组织目标管理

目标管理的含义☆☆☆

1. 目标管理的内涵

目标管理的内涵如图 6-5 所示。

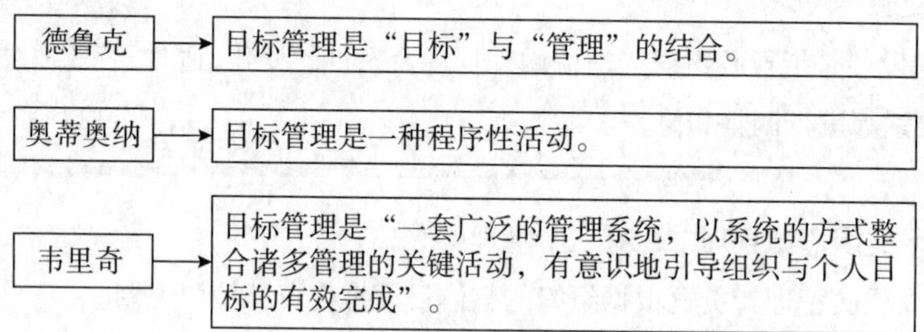

图 6-5　目标管理的内涵

目标管理是一项围绕组织目标开展的系统管理活动，它的目的在于提高实现组织及其成员个人目标的效率，它采取的主要管理方式包括目标制定过程中的共同参与、目标执行过程中的责任与控制。

2. 目标管理的演进

（1）从企业组织到行政组织的转变。

（2）目标管理的工具属性的改进。

名师解读　目标管理的代表人物如下所述。

（1）德鲁克：“目标”与“管理”结合（要以目标为导向去管理）。

（2）奥蒂奥纳：程序性活动（按照程序一步一步地去实现目标）。

（3）韦里奇：一套广泛的管理系统（建立一套广泛的管理系统，用来管理组织的角角落落，以实现目标）。

真题小练

单选题

（2017 年 10 月 全国）认为目标管理是“一套广泛的管理系统，以系统的方式整合诸多管理的关键活动，有意识地引导组织与个人目标的有效完成”的学者是（　　）

A. 韦里奇　　　　B. 杜拉克

C. 奥蒂奥纳　　D. 帕森斯

答案及解析：A。韦里奇认为目标管理是“一套广泛的管理系统，以系统的方式整合诸多管理的关键活动，有意识地引导组织与个人目标的有效完成”。

小试牛刀

单选题

认为目标管理是“一种程序性的活动”的是（　　）

A. 德鲁克　　B. 奥蒂奥纳

C. 韦里奇　　D. 圣吉

答案及解析：B。奥蒂奥纳对目标管理的理解是程序性的，他认为目标管理是一种程序性活动。

知识点 2

目标制定☆☆☆

1. 制定组织目标的原则

（1）民主参与。

（2）系统协调。

（3）定性与定量相结合。

（4）现实可行性。

2. 制定组织目标的方法与技术

（1）目标分解法。目标分解法的思路是，行政组织可以根据上级行政组织的目标与自身实际情况决定自身的目标。

（2）目标综合法。目标综合法是一种自下而上的目标制定方法。

（3）目标滚动法。目标滚动法是一种渐进式目标制定方法，它的思路是在实现组织发展的同时又尽可能地回避风险，在过去信息的基础上逐渐改变现状、实现组织的未来目标。

（4）环境适应法。如果环境变化剧烈，行政组织的服务对象或上级组织施加的影响非常大而且直接，则可以选用环境适应法来制定组织目标。

（5）资源规划法。资源规划法是一种线性思维方式，它的思路是最大化利用组织所掌握的资源，寻找实现组织目标效率最高的资源配置方法。

名师解读 制定组织目标的方法与技术如下所述。

（1）目标分解法：将上级目标根据自身情况拆分。

（2）目标综合法：一种自下而上的目标制定方法，发挥下级的创造性。

（3）目标滚动法：在过去信息的基础上制定目标，适于比较平稳无剧烈变动的环境。

（4）环境适应法：如果环境变化剧烈，行政组织的服务对象或上级组织施加的影响非常大而且直接，则可以选用环境适应法来制定组织目标（如经济危机、组织合并等）。

（5）资源规划法：是一种线性思维方式，它的思路是最大化利用组织所掌握的资源，寻找实现组织目标效率最高的资源配置方法。

真题小练

单选题

1.（2014年10月全国）在众多制定组织目标的方法与技术中，行政组织根据上级行政组织的目标与自身实际情况决定自身的目标，这属于（　　）

A. 目标分解法　　B. 目标综合法

C. 目标流动法　　D. 环境适应法

答案及解析：A。目标分解法的思路是，行政组织可以根据上级行政组织的目标与自身实际情况决定自身的目标。

2.（2010年10月全国）最能体现线性思维方式的是（　　）

A. 目标分解法　　B. 环境适应法

C. 资源规划法　　D. 目标滚动法

答案及解析：C。资源规划法是一种线性思维方式，它的思路是最大化利用组织所掌握的资源，寻找实现组织目标效率最高的资源配置方法。

小试牛刀

单选题

1. 目标综合法的制定方法是（　　）

A. 自上而下　　B. 自下而上

C. 上下结合　　D. 上下协调

答案及解析：B。目标综合法是一种自下而上的目标制定方法。

2. 制定目标时采用在过去信息的基础上逐渐改变现状，以实现组织未来目标的方法是（　　）

A. 目标分解法　　B. 目标综合法

C. 资源规划法　　　　D. 目标滚动法

答案及解析：D。目标滚动法是一种渐进式目标制定方法，它的思路是在实现组织发展的同时又尽可能地回避风险，在过去信息的基础上逐渐改变现状、实现组织的未来目标。

知识点 3

目标执行☆

1. 目标执行的前提条件

（1）组织及其成员的自我控制能力强。

（2）组织认同感强。

（3）组织目标得到组织领导的重视。

（4）目标明确。

2. 具体开展目标执行

（1）目标与人力配置。

（2）目标与组织资源配置。

（3）组织协调与监管。

（4）目标修正。

名师解读 目标执行的具体开展。

（1）目标与人力配置：如要修建一座桥，而修建这座桥需要 100 个人来施工。

（2）目标与组织资源配置：如要修建一座桥，而修建这座桥需要 100 把铁锹。

（3）组织协调与监管：需由上级来协调分配每个人的工作内容，并加以看管。

（4）目标修正：如修建一座桥，目标长度为 100 米，但在修建的过程中因资源不足，便把目标长度改为了 50 米。

真题小练

多选题

（2011 年 10 月 全国）目标执行的前提条件有（　　）

A. 成员的自控力　　　　B. 组织的认同感

C. 目标的灵活性　　　　D. 领导的重视程度

E. 目标的明确性

答案及解析：ABDE。目标执行需要具备一些前提条件：组织及其成员的自我控制能力强；组织认同感强；组织目标得到组织领导的重视；目标明确。

小试牛刀

文字题

简述目标执行需要具备的前提条件。

答案：目标执行需要具备的前提条件如下所述。

（1）组织及其成员的自我控制能力强。

（2）组织认同感强。

（3）组织目标得到组织领导的重视。

（4）目标明确。

目标评估与反馈☆☆

1. 目标评估

（1）评估标准如图6-6所示。

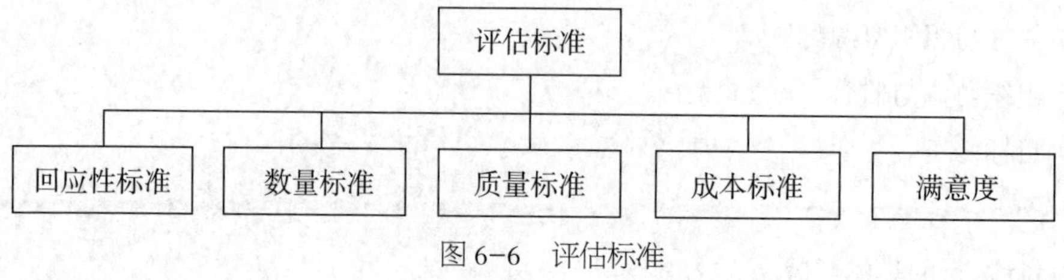

图6-6　评估标准

（2）评估方法如图6-7所示。

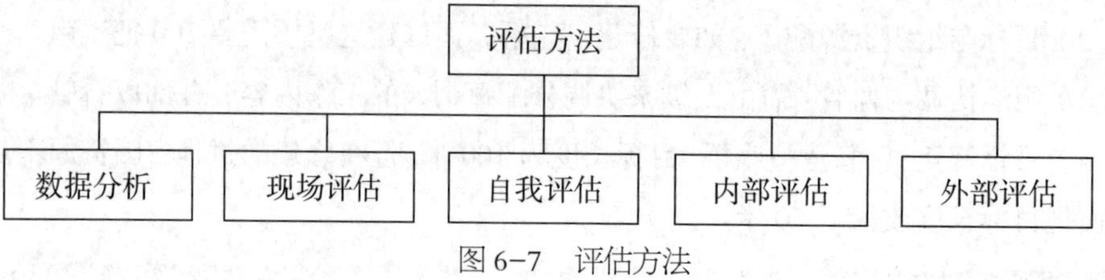

图6-7　评估方法

2. 目标反馈

（1）奖惩责任人员。

（2）提供目标管理信息。

目标评估的评估标准如下所述。

（1）回应性标准：回应速度（例如，报警后，公安机关很快出警，证明回应速度快）和态度。

（2）数量标准：如一座桥规定修建100米，但最后只修建了90米，那么这座桥在长度上是没有达标的。

名师解读

（3）质量标准：结合目标特点制定质量要素。

（4）成本标准：如修建一座桥，A 团队需要 100 万元，B 团队需要 90 万元，这时组织就要对成本进行评估。

（5）满意度：借助服务客体进行主观评价。

真题小练

单选题

（2015 年 10 月 全国）以公安机关对“110”报警电话的态度和出警时间为评估标准，这属于（　　）

A. 数量标准　　B. 回应性标准

C. 质量标准　　D. 成本标准

答案及解析：B。回应性标准。有些目标的属性主要是对目标服务对象的要求进行回应，回应的速度与态度非常重要，以至于超越了具体结果或措施。例如，公安局对于“110”报警电话的回应态度就非常关键。

小试牛刀

文字题

简述行政组织目标评估的主要标准。

答案：

行政组织目标评估的主要标准有回应性标准、数量标准、质量标准、成本标准、满意度。

知识点 5

目标管理的效果分析☆☆

1. 目标管理的优点

（1）奖励作用明显。

（2）管理成本低。

（3）资源配置效率高。

（4）有利于组织发展。

2. 目标管理的不足

（1）容易偏重于短期目标。

（2）设置目标存在困难。

（3）管理权变性差。

（4）容易导致管理缝隙。

3. 在行政组织中进行目标管理的注意事项

（1）适于目标管理的组织与情势。

（2）组织的成熟度与组织成员的素质。

（3）合理组合组织目标。

名师解读 目标管理的优点体现在四个方面。

（1）奖励作用明显：对目标完成优秀者进行奖励。

（2）管理成本低：在完成目标的过程中无须强制管理。

（3）资源配置效率高：所有的资源都要为已制定好的目标服务。

（4）有利于组织发展：通过不断完成目标，组织会越来越好。

真题小练

单选题

（2016 年 4 月 全国）下列对目标管理的评价，不正确的是（　　）

A. 资源配置效率高　　B. 容易偏重于短期目标

C. 管理具有权变性　　D. 容易导致管理缝隙

答案及解析：C。目标管理的优点：①奖励作用明显；②管理成本低；③资源配置效率高；④有利于组织发展。目标管理的缺点：①容易偏重于短期目标；②设置目标存在困难；③管理权变性差；④容易导致管理缝隙。

小试牛刀

文字题

简述目标管理的优点。

答案：

目标管理的优点体现在四方面。

（1）奖励作用明显。

（2）管理成本低。

（3）资源配置效率高。

（4）有利于组织发展。

本章易考知识点回顾

行政组织目标
目标概述
目标特征
强制性
服务性
和谐性
复杂性
动态性
作用
导向作用
激励作用
整合作用
管理工具作用
外部目标与内部目标
外部目标
维护社会公平
提高社会生产效率
回应社会公众的要求
提供公共服务
内部目标
管理资源
绩效管理
机关管理
组织发展
目标管理
目标管理的含义
代表人物
德鲁克：目标管理是“目标”与“管理”的结合
奥蒂奥纳：程序性活动
韦里奇：一套广泛的管理系统
目标制定
原则
民主参与
系统协调
定性与定量相结合
现实可行性
方法与技术
目标分解法
目标综合法
目标滚动法
环境适应法
资源规划法
目标评估与反馈
评估标准
回应性标准
数量标准
质量标准
成本标准
满意度
目标管理的效果分析
优点
奖励作用明显
管理成本低
资源配置效率高
有利于组织发展
缺点
容易偏重于短期目标
设置目标存在困难
管理权变性差
容易导致管理缝隙

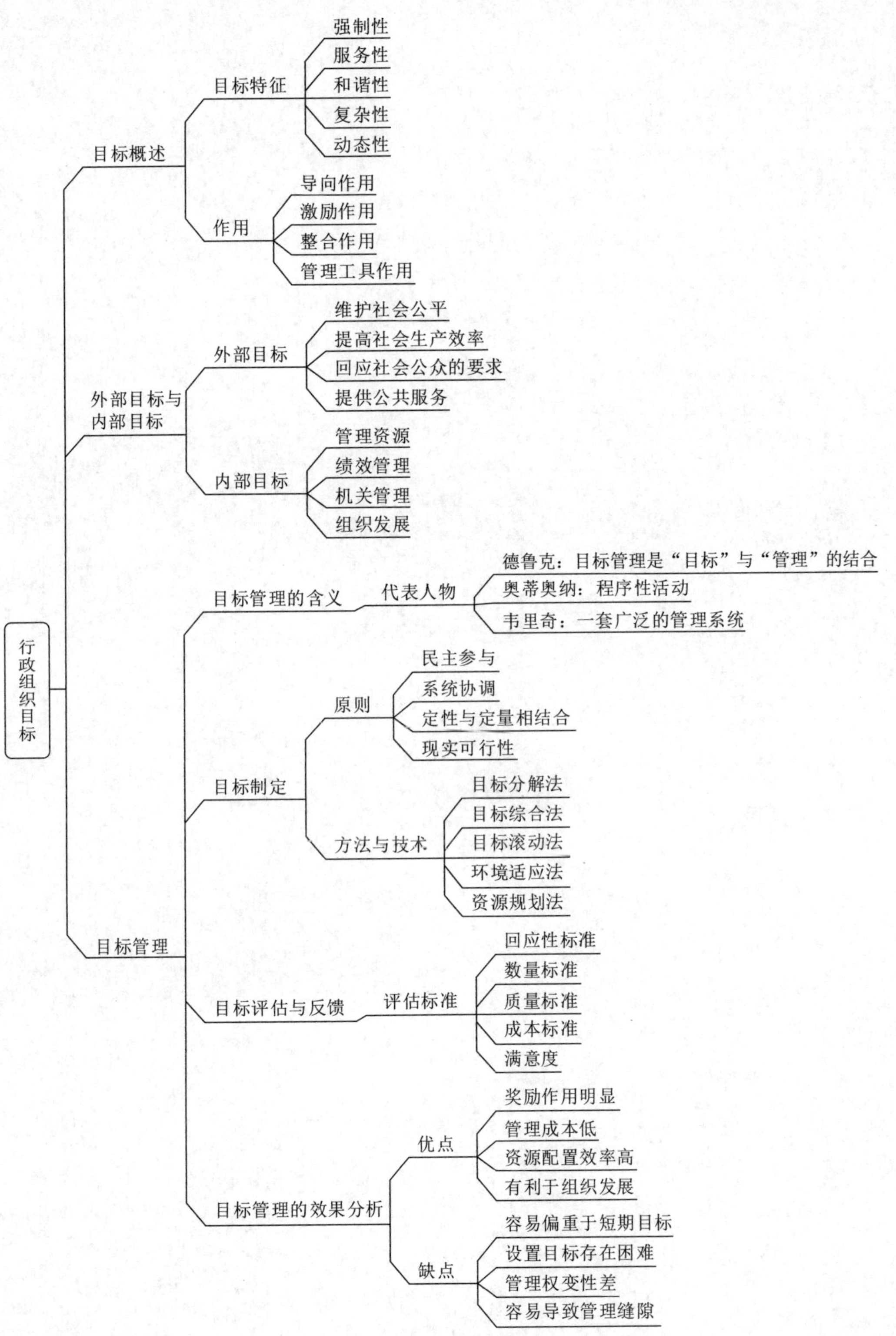

第七章　行政组织结构

行政组织结构是指行政组织各种要素的一种特定安排，即行政组织各要素的排列组合方式。

通过学习本章内容，同学们要了解行政组织结构的标准、行政组织结构的功能，并要理解行政组织纵向结构的优缺点，掌握管理幅度与管理层次之间的关系。

第一节 行政组织结构概述

行政组织结构的含义☆☆☆

（1）行政组织结构是指行政组织各种要素的一种特定安排，即行政组织各要素的排列组合方式。

（2）人、目标、权责这三者的最初结合，就是职位。

（3）行政组织结构的四个层次。

①由行政组织的基本要素和细胞，即职位——工作人员的排列组合，形成一个行政工作单位。

②由各个工作单位的有机排列组合形成一个工作部门。

③由各个行政部门之间的有机排列组合构成一级政府组织。

④由各级政府之间的有机排列组合形成一个国家的政府系统。

名师解读（1）行政组织结构的基本要素和细胞是职位（如果把行政组织比喻成一片森林，那么森林中的每一棵树就代表一个职位）。

（2）职位就是人、目标、权责的结合（例如，警察的目标是维护社会治安，他们的职责是惩治违法犯罪活动且有权力抓捕犯罪分子）。

真题小练

单选题

1.（2017 年 10 月 全国）行政组织结构是指行政组织各要素的（　　）

A. 纵向组合关系　　B. 排列组合方式

C. 单向组合关系　　D. 横向组合方式

答案及解析：B。行政组织结构是指行政组织各种要素的一种特定安排，即行政组织各要素的排列组合方式。

2.（2015 年 4 月 全国）在行政组织中，人、目标和权责这三者的最初结合，就是（　　）

A. 职责　　B. 职位

C. 职能　　D. 职权

答案及解析：B。人、目标、权责这三者的最初结合，就是职位。

小试牛刀

单选题

1. 行政组织的基本要素和细胞是（　　）

A. 职位　　B. 工作单位

C. 工作部门　　D. 政府系统

答案及解析：A。行政组织的基本要素和细胞，即职位。

多选题

2. 行政职位最初结合的要素有（　　）

A. 人员　　B. 目标

C. 经费　　D. 权力

E. 责任

答案及解析：ABDE。人、目标、权责这三者的最初结合，就是职位。

行政组织结构的功能☆

（1）合理的组织结构能有效地满足行政组织目标的需要。

（2）合理的组织结构，有利于稳定工作人员的情绪，调动工作人员的积极性。

（3）合理的组织结构，能使组织保持良好的沟通关系。

（4）合理的组织结构是提高微观和宏观行政效率的前提条件。

（5）合理的组织结构有助于推动行政方式的创新。

名师解读　行政组织结构的功能如下所述。

（1）合理的组织结构能有效地满足行政组织目标的需要（组织结构合理，有助于满足行政组织的目标）。

（2）合理的组织结构，有利于稳定工作人员的情绪，调动工作人员的积极性（只有组织结构合理，员工才能有条不紊地工作，积极性才会提高）。

（3）合理的组织结构，能使组织保持良好的沟通关系（组织结构合理，便可上传下达，使组织内部人员的沟通顺畅）。

（4）合理的组织结构是提高微观（个人）和宏观行政效率的前提条件。

（5）合理的组织结构有助于推动行政方式的创新。

小试牛刀

文字题

简述合理的行政组织结构的功能。

答案：

合理的行政组织结构的功能如下所述。

（1）合理的组织结构能有效地满足行政组织目标的需要。

（2）合理的组织结构，有利于稳定工作人员的情绪，调动工作人员的积极性。

（3）合理的组织结构，能使组织保持良好的沟通关系。

（4）合理的组织结构是提高微观和宏观行政效率的前提条件。

（5）合理的组织结构有助于推动行政方式的创新。

合理的行政组织结构的标准☆☆

（1）任务与组织平衡。

（2）各个组织、人员之间按比例配置。

（3）分工明确，合作良好。

（4）适应环境，具有弹性。

名师解读 合理的行政组织结构的标准如下所述。

（1）任务与组织平衡。

（2）各个组织、人员之间按比例配置（如一名主管管理六名员工是最合适的）。

（3）分工明确，合作良好（只有明确了个人的职责，才能形成良好的合作关系）。

（4）适应环境，具有弹性（弹性是指保留变化的可能性）。

真题小练

文字题

（2013 年 1 月 全国）简述合理的行政组织结构的标准。

答案：

合理的行政组织结构的标准如下所述。

（1）任务与组织平衡。

（2）各个组织、人员之间按比例配置。

（3）分工明确，合作良好。

（4）适应环境，具有弹性。

小试牛刀

多选题

合理的行政组织结构的标准主要有（　　）

A. 任务与组织平衡

B. 各个组织、人员之间按比例配置

C. 分工明确，合作良好

D. 行政经费充足

E. 适应环境，具有弹性

答案及解析：ABCE。合理的行政组织结构的标准：任务与组织平衡；各个组织、人员之间按比例配置；分工明确，合作良好；适应环境，具有弹性。

行政组织结构的影响因素☆

行政组织结构的影响因素如图 7–1 所示。

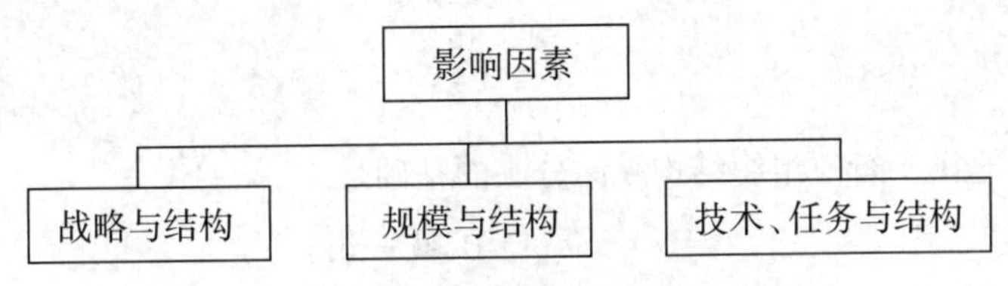

图 7–1　行政组织结构的影响因素

小试牛刀

多选题

影响行政组织结构的主要因素有（　　）

A. 组织战略

B. 组织的灵活性

C. 组织规模

D. 组织所利用的技术

E. 组织的积极性

答案及解析：ACD。行政组织是一个开放的、动态的系统，除了外在环境之外，其结构受多种因素的影响，主要有组织战略、组织规模、组织所利用的技术，等等。

第二节　行政组织的纵向结构

知识点 1

行政组织的宏观纵向分工☆☆

（1）行政组织的宏观纵向分工反映不同层级政府之间的分工。

（2）行政组织的纵向分工，即以层级制为基础的垂直分工。

（3）影响行政组织宏观纵向分工的主要因素：政体、国家发展战略、外部性。

名师解读 行政组织的宏观纵向分工（垂直分工，总体结构呈现出金字塔型）：是反映不同层级政府之间的分工，是以层级制为基础的垂直分工（中央政府和各地方政府，也就是从中央到省、市、县、乡，逐级往下）。

真题小练

单选题

1.（2016 年 4 月 全国）行政组织结构纵向分工的基础是（　　）

A. 职能制　　B. 统一制

C. 层级制　　D. 会议制

答案及解析：C。行政组织的纵向分工，即以层级制为基础的垂直分工。

2.（2011 年 1 月 全国）行政组织宏观纵向分工的总体结构呈现出（　　）

A. 倒金字塔型　　B. 棱柱型

C. 金字塔型　　D. 矩阵型

答案及解析：C。由于行政组织数量的多少与层级的高低成反比，层级愈低，行政组织数量愈多；层级愈高，行政组织的数量越少，乃至最高的行政组织只有一个。于是，从总体结构上看，行政组织宏观纵向分工呈现出金字塔型的结构。

小试牛刀

多选题

影响行政组织宏观纵向分工的主要因素有（　　）

A. 内部员工责任感　　B. 政体

C. 国家发展战略　　D. 领导者的素质

E. 外部性

答案及解析：BCE。行政组织宏观纵向分工的影响因素：政体、国家发展战略、外部性。

知识点 2

行政组织的微观纵向分工☆

行政组织的微观纵向分工是指各级政府或各个部门内部层级的分工。

行政组织的微观纵向分工（组织内层级）：各系统间的层级领导呈现金字塔式的垂直领导关系。

本知识点不是常考知识点，同学们理解即可。

知识点 3

行政组织纵向结构的优缺点☆☆

1. 优点

（1）分层负责，使各级政府在各自管辖地域范围内，能做到事权集中，统一指挥。

（2）行动迅速，能及时地根据本地情况做出决策，就地组织实施，并有利于就地监督、控制。

（3）能发挥各个层级行政组织的积极性、创造性，根据本地实际情况主动开展工作。

（4）各层级行政首长负责全面管理工作，有利于培养全面型的行政管理人才。

2. 缺点

（1）各层级行政首长管辖事务过多，责重事繁，难于事事精通。

（2）容易形成地方的块块分割，不利于各地经济和文化的交流与发展。

（3）容易犯地方主义错误，不利于中央对地方的宏观控制。

（4）容易导致信息传递失真，难以直接有效地实现组织目标，降低行政组织的反应速度，无法体现结果导向。

（1）行政组织纵向结构的优点如下所述。

①分层负责（如省归省政府管、市归市政府管），使各级政府在各自管辖地域范围内，能做到事权集中，统一指挥。

②行动迅速，能及时地根据本地情况做出决策，就地实施。

③能发挥各个层级行政组织的积极性、创造性。

④各层级行政首长负责全面管理工作，有利于培养全面型的管理人才。

名师解读

（2）行政组织纵向结构的缺点如下所述。

①行政首长管辖的事务过多，难于事事精通。

②容易形成地方政府的块块分割，不利于各地经济和文化的交流与发展。

③容易犯地方主义错误（如某省政府要保护当地的豆制品，而对其他省的豆制品进行行政管制，不许其进入本省），不利于中央对地方的宏观控制。

④容易导致信息传递失真（从中央到省、市、县，信息一级级往下传，容易发生偏差），难以直接有效地实现组织目标，降低组织反应速度。

小试牛刀

文字题

论述行政组织体制中纵向结构的优缺点。

答案：

行政组织体制中纵向结构的优点如下所述。

（1）分层负责，使各级政府在各自管辖地域范围内，能做到事权集中，统一指挥。

（2）行动迅速，能及时地根据本地情况做出决策，就地组织实施，并有利于就地监督、控制。

（3）能发挥各个层级行政组织的积极性、创造性，根据本地实际情况主动开展工作。

（4）各层级行政首长负责全面管理工作，有利于培养全面型的行政管理人才。

但层级制也有缺点，其缺点如下所述。

（1）各层级行政首长管辖事务过多，责重事繁，难于事事精通。

（2）容易形成地方的块块分割，不利于各地经济和文化的交流与发展。

（3）容易犯地方主义错误，不利于中央对地方的宏观控制。

（4）容易导致信息传递失真，难以直接有效地实现组织目标，降低行政组织的反应速度，无法体现结果导向。

多选题

层级制容易造成（　　）

A. 地方主义　　B. 地方的块块分割

C. 行政首长管辖事务过多　　D. 信息失真

E. 行业本位主义

答案及解析：ABCD。层级制的缺点如下所述。

（1）各层级行政首长管辖事务过多，责重事繁，难于事事精通。

（2）容易形成地方的块块分割，不利于各地经济和文化的交流与发展。

（3）容易犯地方主义错误，不利于中央对地方的宏观控制。

（4）容易导致信息传递失真，难以直接有效地实现组织目标，降低行政组织的反应速度，无法体现结果导向。

第三节　行政组织的横向结构

行政组织横向分工的必要性☆☆

（1）适应各项社会事务管理的需要。

（2）适应行政管理专业化、技术化的需要。

（3）适应行政管理综合协调、宏观管理的需要。

（4）适应行政管理程序的需要。

行政组织横向分工（职能制）的必要性如下所述。

（1）适应各项社会事务管理的需要（如国务院下设民政部、交通运输部等，以便管理相应领域的公共事务）。

（2）适应行政管理专业化、技术化的需要（政府工作人员，要随着社会的不断发展，提升自己的专业技能，以便能更好地管理相应的公共事务）。

（3）适应行政管理综合协调、宏观管理的需要。

（4）适应行政管理程序的需要（政府工作人员需熟知自己的业务流程，才能提高办事效率）。

（此知识点的常考题型为简答题，同学们要重点记忆。）

小试牛刀

文字题

简述行政组织横向分工的必要性。

答案：

行政组织横向分工的必要性如下所述。

（1）适应各项社会事务管理的需要。

（2）适应行政管理专业化、技术化的需要。

（3）适应行政管理综合协调、宏观管理的需要。

（4）适应行政管理程序的需要。

▶▶ 行政组织横向分工的种类☆☆

1. 按行政业务性质分工

（1）按业务性质分工，是指根据行政管理的业务性质的异同来组成行政组织单位，如财政、外交等。

（2）优点如图 7–2 所示。

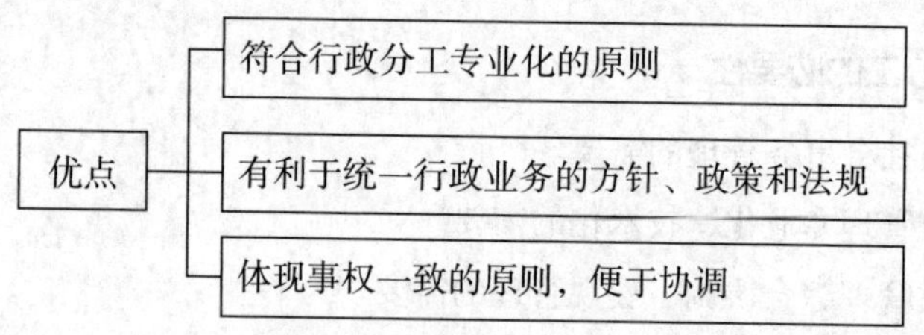

图 7–2　行政组织按行政业务性质进行分部化的优点

（3）缺点如图 7–3 所示。

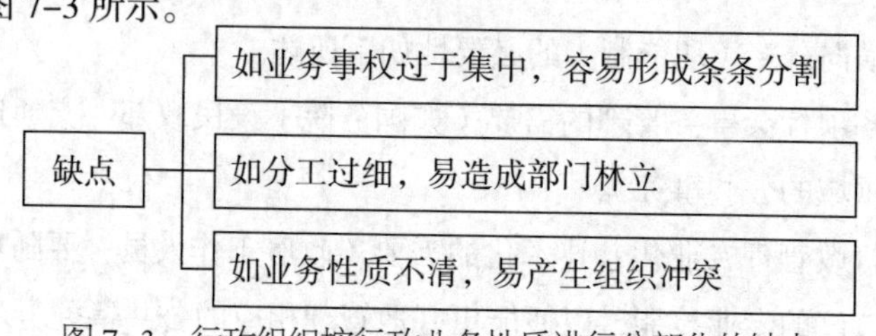

图 7–3　行政组织按行政业务性质进行分部化的缺点

2. 按行政管理程序分工

（1）按管理程序分工，是指按行政管理工作过程的程序不同来分别设置行政组织部门。

（2）行政管理过程有咨询、决策、执行、信息反馈和监督等环节。

3. 按管理对象分工

（1）按管理对象分工是指按行政组织服务的人群、财物为对象进行的部门设置。

（2）这一分工方式最常见的是政府经济行业主管部门的设置。例如，农业农村部、交通运输部，均是按不同对象类别实行分部管理。

4. 按地区分工

在同一层级，按地区设置行政组织的基础是行政区划。行政区划是否科学合理，主要取决于三个方面的因素。

（1）要有利于各地区人民和各民族的安定团结。

（2）要有利于国家政权的统一和巩固。

（3）要有利于调动地方政府的积极性，充分发挥地方政府的作用。

名师解读 行政组织横向分工的种类。

（1）按行政业务性质：如国务院由外交部、国防部、财政部等部门组成（易形成条条分割）。

（2）按行政管理程序：管理程序可以分为咨询（智囊机构）、决策（谁来决定）、执行（谁去做）、信息反馈（获取意见）和监督等环节，根据这些程序划分行政咨询部门、领导决策部门、执行部门、信息部门和监督部门。

（3）按管理对象：如教育部、财政部、农业农村部等。

（4）按地区：如民政部在各个地方设置的民政局。

真题小练

单选题

1.（2015 年 10 月 全国）在行政组织横向分工中，相对更容易形成条条分割的是（　　）

A. 按业务性质分工　　B. 按管理程序分工

C. 按管理对象分工　　D. 按地区分工

答案及解析：A。按行政业务性质进行分部化的缺点：①如业务事权过于集中，容易形成条条分割；②如分工过细，易造成部门林立；③如业务性质不清，易产生组织冲突。

2.（2012 年 1 月 全国）把行政组织划分为咨询、决策、信息反馈和监督等部门，这是（　　）

A. 按行政业务性质分工　　B. 按行政管理程序分工

C. 按管理对象分工　　D. 按地区分工

答案及解析：B。按管理程序分工，是指按行政管理工作过程的程序不同来分别设置行政组织部门。行政管理过程有咨询、决策、执行、信息反馈和监督等环节。

小试牛刀

单选题

将行政组织分为国防、外交、财政等部门，其分类的标准是（　　）

A. 按管理程序划分　　B. 按业务性质划分

C. 按管理对象划分　　D. 按管理地区划分

答案及解析：B。按业务性质分工，是指根据行政管理的业务性质的异同来组成行政组织单位。例如，财政、外交等均为不同的业务，就以此为基础，设置不同的单位。

知识点 3

行政组织横向结构的优缺点☆☆

1. 优点

（1）职能不同，分工管理，使行政组织成员能在“专”的基础上精通业务。

（2）从上到下形成“条条”，因此在对同一业务工作进行统一的管理中，易于形成统一的方针政策，有利于社会各项事务有秩序地健康发展。

（3）各个部门分工负责，使各个层级的行政首长能集中精力考虑全局的大问题。

2. 缺点

（1）易形成各个部门“条条”分割，各个不同的业务部门之间难于相互沟通与协调。

（2）自上而下的各部门形成的“条条”伸向各个基层，不利于地方层级的行政组织因地制宜地贯彻上级的政策，抑制了地方行政组织的积极性。

名师解读

行政组织横向结构的优缺点如下所述。

（1）优点。

①使行政组织成员在专的基础上精通业务。

②易于形成统一的方针政策，有利于社会各项事务有序地健康发展（如国家某部门出台了一项政策，该部门下设的各个单位便要去遵循）。

③各个部门分工负责，使各个层级的行政首长能够集中精力考虑全局的大问题。

（2）缺点。

①易于形成各个部门“条条”分割，各个不同的业务部门之间难以相互沟通和协调。

②自上而下的各部门形成的“条条”伸向各个基层，不利于地方层级的行政组织因地制宜地贯彻上级的政策，抑制了地方的积极性（如国家某部门出台了一项政策，该部门在各个地方的下设单位就要按照该政策执行，但因各地情况不同，某些地方不宜执行这个政策，所以这些地方的积极性就会被抑制）。

小试牛刀

文字题

简述行政组织横向结构的优点。

答案：

行政组织横向结构的优点体现在三个方面。

（1）职能不同，分工管理，使行政组织成员能在专的基础上精通业务。

（2）从上到下形成“条条”，因此在对同一业务工作进行统一的管理中，易于形成统一的方针政策，有利于社会各项事务有秩序地健康发展。

（3）各个部门分工负责，使各个层级的行政首长能集中精力考虑全局的大问题。

第四节　管理层次与管理幅度的关系

管理层次与管理幅度的反比例关系☆☆

（1）纵向结构形成行政组织的层级制，横向结构形成行政组织的职能制。

（2）层级制形成管理层次，管理层次体现着决策者与执行者之间的距离。

（3）职能制形成管理幅度。管理幅度体现着一个单位或一个行政首长能有效地管理的下层单位数或人数。

（4）在一定的管理工作量或地域条件下，管理幅度与管理层次成反比例关系。

名师解读

（1）为了提高行政效率,管理层次（图 7–4）越少越好。

（2）管理层次可分为高耸型和扁平型，高耸型的管理层次较多，决策者与执行者的距离较远，而扁平型的管理层次则相反。目前大部分企业推崇的是扁平型的管理层次。

（3）管理幅度越窄，行政首长的管理效率越高（管的人员越少，管理效率越高）。

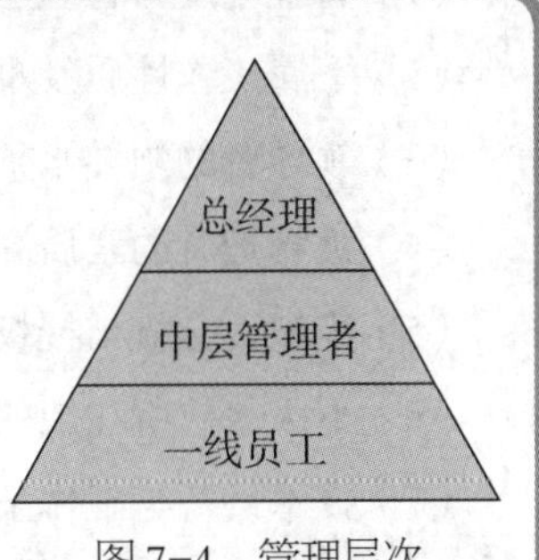

图 7–4　管理层次

真题小练

单选题

1.（2017 年 10 月 全国）体现决策者与执行者之间距离的是（　　）

A. 管理对象　　B. 管理区域　　C. 管理层次　　D. 管理水平

答案及解析：C。管理层次体现着决策者与执行者之间的距离。

2.（2016 年 10 月 全国）体现一个单位或一个行政首长能有效地管理下级单位或人数的是（　　）

A. 管理权限　　B. 管理层级

C. 管理手段　　D. 管理幅度

答案及解析：D。管理幅度，体现着一个单位或一个行政首长能有效地管理的下层单位或人数。

小试牛刀

单选题

1. 行政组织横向结构形成（　　）

A. 层级制　　B. 职能制　　C. 混合制　　D. 联邦制

答案及解析：B。行政组织结构有纵向结构和横向结构，纵向结构形成行政组织的层级制，横向结构形成行政组织的职能制。

2. 在一定的管理工作量或地域条件下，管理幅度与管理层次的关系是（　　）

A. 正比例关系　　B. 反比例关系　　C. 正态分布关系　　D. 非线性关系

答案及解析：B。在一定的管理工作量或地域条件下，管理幅度与管理层次成反比例关系。

知识点 2

如何正确处理管理层次和管理幅度的关系☆

管理幅度和管理层次的合理确定取决于多个因素。

（1）管理幅度与管理层次有关。

（2）下属工作性质及难易程度制约着管理幅度与管理层次。

（3）领导者的领导水平与能力直接制约着管理幅度。

（4）被管理者的素质高低也制约着管理幅度。

（5）集权、分权与授权程度影响着管理幅度与管理层次。

（6）下级单位所在地的集中程度及交通和信息传递状况影响着管理幅度。

（7）技术设备与工作条件也制约着管理幅度与管理层次。

名师解读 管理幅度和管理层次的合理确定取决于多个因素。

（1）管理幅度与管理层次有关。（金字塔原理）

（2）下属工作性质及难易程度制约着管理幅度与管理层次。（流程性的工作，层次少，如生产线）

（3）领导者的领导水平与能力直接制约着管理幅度，管理幅度的大小与领导者的水平和能力成正比例。

（4）被管理者的素质高低也制约着管理幅度。（员工一说就懂，积极主动，省心）

（5）集权、分权与授权程度影响着管理幅度与管理层次。（集权事无巨细都要管，幅度小）

（6）下级单位所在地的集中程度及交通和信息传递状况影响着管理幅度。（大家都在一起就可以多管理一些）

（7）技术设备与工作条件也制约着管理幅度与管理层次。（设备越先进，幅度越大）

真题小练

多选题

（2014 年 4 月 全国）影响管理幅度与管理层次的主要因素有（　　）

A. 领导者的领导水平与能力

B. 集权、分权与授权程度

C. 被管理者的素质高低

D. 技术设备与工作条件

E. 下属工作性质及难易程度

答案及解析：ABCDE。管理幅度和管理层次的合理确定取决于多个因素。

（1）管理幅度与管理层次有关。

（2）下属工作性质及难易程度制约着管理幅度与管理层次。

（3）领导者的领导水平与能力直接制约着管理幅度。

（4）被管理者的素质高低也制约着管理幅度。

（5）集权、分权与授权程度影响着管理幅度与管理层次。

（6）下级单位所在地的集中程度及交通和信息传递状况影响着管理幅度。

（7）技术设备与工作条件也制约着管理幅度与管理层次。

小试牛刀

文字题

简述影响管理幅度和管理层次的合理确定的主要因素。

答案：

管理幅度和管理层次的合理确定取决于多个因素。

（1）管理幅度与管理层次有关。

（2）下属工作性质及难易程度制约着管理幅度与管理层次。

（3）领导者的领导水平与能力直接制约着管理幅度。

（4）被管理者的素质高低也制约着管理幅度。

（5）集权、分权与授权程度影响着管理幅度与管理层次。

（6）下级单位所在地的集中程度及交通和信息传递状况影响着管理幅度。

（7）技术设备与工作条件也制约着管理幅度与管理层次。

本章易考知识点回顾

- 行政组织结构
  - 结构概述
    - 职位——构成行政组织结构的基本要素，即人、目标、权责
    - 功能
      - 合理的组织结构能有效地满足行政组织目标的需要
      - 合理的组织结构，有利于稳定工作人员的情绪，调动工作人员的积极性
      - 合理的组织结构，能使组织保持良好的沟通关系
      - 合理的组织结构是提高微观和宏观行政效率的前提条件
      - 合理的组织结构有助于推动行政方式的创新
    - 标准——任务与组织平衡；按比例配置；分工明确、合作良好；适应环境、具有弹性
    - 影响因素
      - 战略
      - 规模
      - 技术、任务
  - 纵向结构
    - 宏观纵向分工
      - 以层级制为基础
      - 影响因素
        - 政体
        - 国家发展战略
        - 外部性
    - 微观纵向分工
      - 组织内层级
  - 横向结构
    - 横向分工的种类
      - 按行政业务性质
      - 按行政管理程序
      - 按管理对象
      - 按地区
  - 管理层次与管理幅度的关系
    - ①纵向结构形成行政组织的层级制
②横向结构形成行政组织的职能制
    - 管理层次体现着决策者与执行者之间的距离
    - 管理幅度与管理层次成反比例关系

第八章　行政组织体制

通过学习本章内容，同学们要了解行政组织内部各种行政组织体制的含义，理解各种体制应如何正确运用，掌握各种体制的优点和缺点。

首长制的优缺点、集权制的优缺点、分离制的优缺点、委员会制的优缺点、分权制的优缺点和集权制、分权制与均权制的正确运用为本章的重点内容，同学们在学习过程中需注意识记。

第一节　行政组织体制概述

知识点 1

行政组织体制的含义☆

在人类历史上，行政组织各个层级、各个部门之间的权力关系有多种形式，于是就形成了多种权力分配关系。将多种权力关系制度化，并按此制度所规定的关系运行，就是行政组织体制。

我们之所以会服从上级（如总经理）的管理，原因并不是在于他的头衔（如一个公司的层级结构从上到下依次为总经理、中层管理者、员工，这种结构只是一种外在的表现），而是在于他头衔背后的权力。体制指某一个组织的制度及运行方式，其实质是权力关系的制度化、程序化。

小试牛刀

单选题

将权力分配关系制度化，并按此制度所规定的关系运行，这是（　　）

A. 行政组织结构　　B. 行政组织体制

C. 行政组织类型　　D. 行政组织分工

答案及解析：B。在人类历史上，行政组织各个层级、各个部门之间的权力关系有多种形式，于是就形成了多种权力分配关系。将多种权力关系制度化，并按此制度所规定的关系运行，就是行政组织体制。

研究行政组织体制的意义☆

（1）行政组织体制决定行政组织结构及其运行。

行政组织结构是行政组织的载体，而行政组织权力分配关系则是行政组织结构的灵魂和核心，也是整个行政组织运行的动力。

（2）行政组织体制影响行政组织的职能发挥。

行政组织权力分配关系科学与否、是否与时代需要一致，关系着行政组织阶级职能和社会职能完成的好坏，关系到行政组织效率的高低。

名师解读 行政组织体制与结构的关系如下所述。

行政组织结构是行政组织的载体（如某组织中有总经理、中层管理者、员工，他们是组织的载体），而行政组织权力分配关系则是行政组织结构的灵魂和核心。（没有行政组织体制的存在，行政组织就无法正常运行）

小试牛刀

单选题

行政组织结构的灵魂和核心是行政组织的（　　）

A. 法制化　　B. 权力分配关系

C. 纵向结构　　D. 横向结构

答案及解析：B。行政组织结构是行政组织的载体，而行政组织权力分配关系则是行政组织结构的灵魂和核心，也是整个行政组织运行的动力。

第二节　集权制、分权制与均权制

集权制、分权制与均权制的含义☆☆☆

1. 集权制

（1）含义：集权制指行政决策权主要集中于中央级行政组织，中央行政组织对地方行政组织有完全的指挥、监督之权力，地方行政组织接受中央行政组织命令的一种行政组织体制。

（2）基本特征：中央政府高度集权，严格控制全国各地行政事务，地方政府没有或极少有自主权。

2. 分权制

（1）含义：分权制指地方行政组织对其管辖地区内的地方行政事务有自主决定权，中央行政组织一般不加干涉的一种行政组织体制。

（2）基本特征：地方政府受中央政府的控制较小，在行政业务上具有较大独立性，其地方事务可完全根据地方需要实施管理。

3. 均权制

（1）含义：均权制指中央行政组织与地方行政组织的权力保持平衡，既不偏于集权，也不偏于分权的一种行政组织体制。

（2）基本特征：折中于中央集权与地方分权二者之间，主要根据事权的性质进行合理的划分，并维持中央与地方之间的协调、配合关系。

名师解读

（1）集权制。

法国是实行集权制较为典型的国家。法国虽然较早确立了地方自治管理的原则，但与美国不同，它是一个高度集权的国家（1982 年之前，省长由法国总理任命；中央享有高度的权威）。

（2）分权制。

美国实行的职邦制国家结构形式，属于典型的分权制（如美国加利福尼亚州的州长是由本州人民选举的，中央不加以干涉）。

（3）均权制。

如孙中山的“均权”学说。

真题小练

单选题

1.（2014 年 4 月 全国）在西方国家中，宪法确立了地方自治管理的原则，但仍为高度集权体制的是（　　）

A. 法国　　B. 英国　　C. 美国　　D. 德国

答案及解析：A。法国是实行集权制较为典型的国家。虽然法国宪法确立了地方自治管理的原则，但其仍为高度集权体制的国家。

2.（2008 年 10 月 全国）美国各州州长的产生取决于（　　）

A. 联邦政府　　B. 总统　　C. 国会　　D. 各州选民

答案及解析：D。州长是各州的最高行政长官，由本州选民直接或间接选举产生，对选民负责。

小试牛刀

单选题

1. 实行分权制较为典型的国家是（　　）

A. 法国　　B. 美国

C. 中国　　D. 日本

答案及解析：B。美国实行的联邦制国家结构形式，属于典型的分权制，其州政府的自主权很大。

2. 地方政府对辖区内事务有自主权，中央一般不加干涉的行政体制是（　　）

A. 集权制　　B. 分权制　　C. 完整制　　D. 分离制

答案及解析：B。分权制，是指地方行政组织对其管辖地区内的地方行政事务有自主决定权，是中央行政组织一般不加干涉的一种行政组织体制。

知识点 2

集权制、分权制与均权制的优缺点☆☆☆

1. 集权制的优缺点

（1）优点。

①政令统一，统筹全局，防止政出多门。

②层级节制，指挥灵便，令行禁止，有利于提高效率。

③集中全国的人力、财力、物力用于重点建设，避免人财物分散、盲目建设及资源浪费。

（2）缺点。

①事事听从中央政府安排，必然压抑地方政府的积极性，不利于地方政府因地制宜地处理本地事务。

②中央严密控制地方，易导致中央机关专制和个人独裁。

③层次繁多，事事层层汇报，易费时误事，不能及时、果断地处理行政事务。

④下级对上级唯命是从，过分依赖，不利于下级人员工作责任心及工作能力的培养。

⑤无法有效满足地方对公共物品和服务的差异性需求，妨碍了地方政府行政方式的创新。

2. 分权制的优缺点

（1）优点。

①地方政府能够因地制宜、灵活机动地处理本地事务。

②分权分工，可防止上级专断与个人独裁。

③分级治事，符合民主原则，可发挥下级人员的主动性，激发其责任心，培养其独立工作能力。

④可以有效满足地方对公共物品和服务的差异性需求。

⑤有利于发挥地方国家权力机关对地方政府的监督作用，培育公民的参与精神，完善对地方政府的监督机制。

（2）缺点。

①地方分权过度，易形成地方本位主义，甚至导致国家分裂。

②分权过度，必导致全国各地经济的畸形发展，加剧地区间的不平衡。

③地方权限过大，上有政策下有对策，中央统一的政策、法律难以有效贯彻。

3. 均权制的优缺点

（1）优点。

可扬集权制与分权制之长，而避二者之短。

（2）缺点。

若均权不当，则会扬集权制和分权制之短，而避二者之长，既不利于中央的统一指挥，也不利于地方积极性的发挥。

（1）集权制的优点是：政令统一，层级节制，集中全国力量用于重点建设。

集权制的缺点是：易导致个人独裁，压抑了地方政府的积极性。

（2）分权制的优点是：不会造成独裁，有利于发挥地方政府的积极性。

分权制的缺点是：易加剧地区间的不平衡，中央统一的政策、法律难以贯彻。

（3）均权制的优点是：若均权得当，便可发挥集权制与分权制之长。

均权制的缺点是：若均权不当，则会扬集权制和分权制之短。

（此知识点易考题型为多选题、简答题和论述题，同学们需要重点识记。）

真题小练

多选题

（2017 年 10 月 全国）下列属于分权制优点的是（　　）

A. 分权分工，可防止上级专断与个人独裁

B. 层级节制，指挥灵便，令行禁止，有利于提高效率

C. 有利于集中全国的人力、财力、物力用于重点建设

D. 可以有效满足地方对公共物品和服务的差异性需求

E. 地方政府能够因地制宜、灵活机动地处理本地事务

答案及解析：ADE。分权制的优点具体体现在五个方面。①地方政府能够因地制宜、灵活机动地处理本地事务。②分权分工，可防止上级专断与个人独裁。③分级治事，符合民主原则，可发挥下级人员的主动性，激发其责任心，培养其独立工作能力。④可以有效满足地方对公共物品和服务的差异性需求。⑤有利于发挥地方国家权力机关对地方政府的监督作用，培育公民的参与精神，完善对地方政府的监督机制。

小试牛刀

文字题

试析集权制的优缺点。

答案：

（1）集权制的优点主要分为三点。

①政令统一，统筹全局，防止政出多门。

②层级节制，指挥灵便，令行禁止，有利于提高效率。

③集中全国的人力、财力、物力用于重点建设，避免人财物分散、盲目建设及资源浪费。

(2)集权制的缺点可归纳为五个方面。

①事事听从中央政府安排，必然压抑地方政府的积极性，不利于地方政府因地制宜地处理本地事务。

②中央严密控制地方，易导致中央机关专制和个人独裁。

③层次繁多，事事层层汇报，易费时误事，不能及时、果断地处理行政事务。

④下级对上级唯命是从，过分依赖，不利于下级人员工作责任心及工作能力的培养。

⑤无法有效满足地方对公共物品和服务的差异性需求，妨碍了地方政府行政方式的创新。

集权制、分权制与均权制的具体运用☆☆☆

1. 制约中央政府与地方政府权力分配关系的主要因素

(1)社会的需要，其中主要是经济体制的需要。

(2)一个国家的国家结构形式(联邦制国家均实行分权制；实行单一制的国家，多实行集权制)。

2. 正确处理中央政府与地方政府的权力关系

(1)市场经济对政府职能总的要求。

(2)市场经济要求中央政府具有国民经济宏观调控和维护市场秩序的职能。

(3)市场经济要求地方政府在中央统一法制规范下主要负责实施本地区的各种保障职能。

(4)中央适度集权与地方适度分权相结合。

名师解读 在社会主义市场经济条件下，如何正确处理我国中央政府与地方政府的权力关系。

(1)市场经济对政府职能总的要求(政府不要过分干预市场经济)。

(2)市场经济要求中央政府具有国民经济宏观调控和维护市场秩序的职能(市场经济要求中央政府管理国家总的调控和维护总的市场秩序，而不是让地方管理)。

(3)市场经济要求地方政府在中央统一法制规范下主要负责实施本地区的各种保障职能(市场经济要求地方政府在中央统一的法制规范下提供各种保障职能，如提供各种政策方便发展市场经济)。

(4)中央适度集权与地方适度分权相结合(按职能分工，不会造成中央集权过多或地方分权过多的问题)。

(此知识点的易考题型是简答题和论述题，同学们需重点识记。)

小试牛刀

文字题

简述在社会主义市场经济条件下，如何正确处理我国中央政府与地方政府的权力关系。

答案：

（1）市场经济对政府职能总的要求。

（2）市场经济要求中央政府具有国民经济宏观调控和维护市场秩序的职能。

（3）市场经济要求地方政府在中央统一法制规范下主要负责实施本地区的各种保障职能。

（4）中央适度集权与地方适度分权相结合。

第三节　首长制、委员会制与混合制

首长制、委员会制与混合制的含义☆☆☆

1. 首长制

首长制又称一长制或独任制，是指行政组织的法定最高决策权由行政首长一人执掌的行政组织体制。

2. 委员会制

委员会制又称合议制，是指行政组织的法定最高决策权由两个以上人员组成的集体或委员会所执掌的一种行政组织体制。

3. 混合制

混合制又称委员会和首长并立制，是指行政组织的事权一部分由委员会集体讨论决定，另一部分由行政首长个人决定的一种行政组织体制。

首长制（一人掌权）：代表国家是美国（总统制）。

委员会制（多人掌权）：代表国家是瑞士。

真题小练

单选题

1.（2006 年 10 月 全国）美国总统制是典型的（　　）

A. 集权制　　B. 分权制

C. 首长制　　D. 混合制

答案及解析：C。美国的总统制是首长制的典型。

2.（2009 年 10 月 全国）实行委员会制的典型国家是（　　）

A. 瑞士　　B. 法国

C. 英国　　D. 美国

答案及解析：A。瑞士是实行委员会制的典型国家。

小试牛刀

单选题

重大问题的决策权由委员会集体讨论决定，具体问题的决策权由行政首长决定的行政组织体制是（　　）

A. 首长制　　B. 分离制

C. 混合制　　D. 委员会制

答案及解析：C。混合制的基本特征是行政组织中既设有合议制的委员会，又设有专门的行政首长，重大问题的决策权由委员会集体讨论行使，具体问题的决策权由行政首长个人行使。

知识点 2

首长制、委员会制与混合制的优缺点☆☆

1. 首长制的优缺点

（1）首长制的优点如图 8-1 所示。

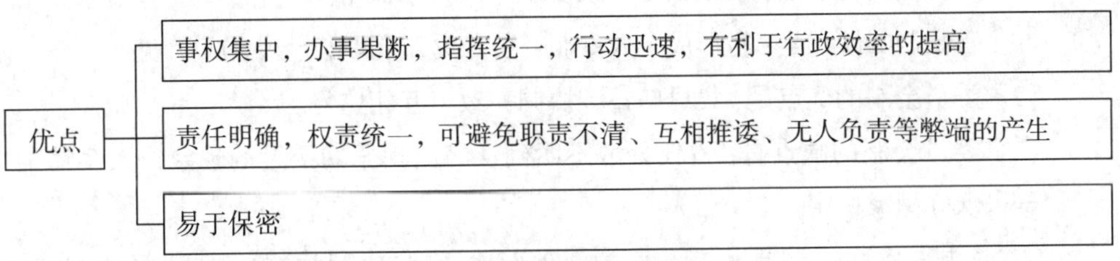

图 8-1　首长制的优点

（2）首长制的缺点如图 8-2 所示。

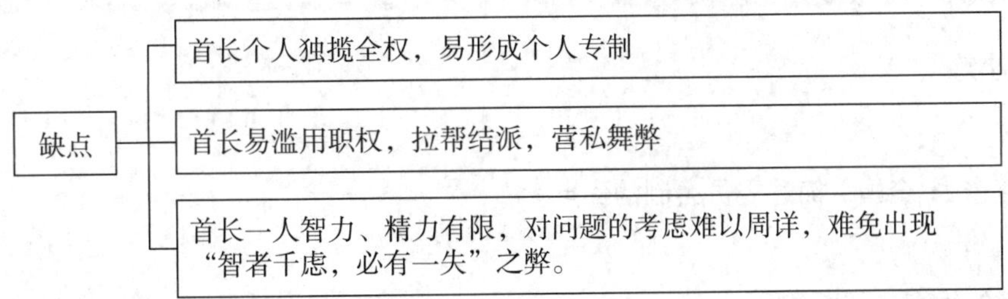

图 8-2　首长制的缺点

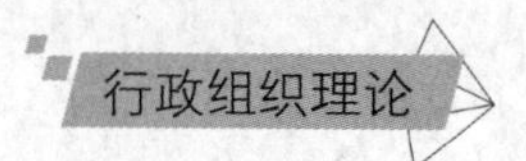

2. 委员会制的优缺点

（1）委员会制的优点如图 8-3 所示。

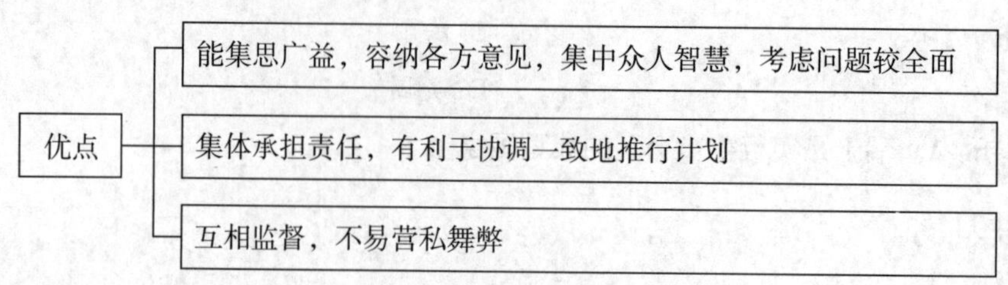

图 8-3　委员会制的优点

（2）委员会制的缺点如图 8-4 所示。

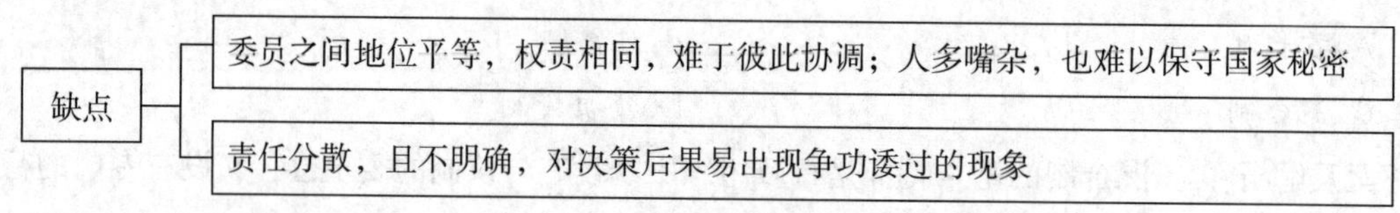

图 8-4　委员会制的缺点

3. 混合制的优缺点

（1）优点:既利于权责集中统一,又便于集思广益;既可避免个人独裁,又可避免无人负责。

（2）缺点：若运用不当，则会同时兼有首长制与委员会制之弊。

名师解读

（1）首长制的优点是：事权集中，权责统一，易于保密。

首长制的缺点是：易形成个人专制，首长易滥用职权，易陷于管见。

（2）委员会制的优点是：集思广益，协调一致，互相监督。

委员会制的缺点是：责任分散不明确，易出现争功诿过的现象，人多嘴杂，难以保守国家机密。

（首长制与委员会制是相互矛盾的两种形式，即首长制的缺点是委员会制的优点，而委员会制的缺点则是首长制的优点，因此同学们可以通过对比的方式进行记忆。）

▶ 真题小练

文字题

（2014 年 10 月 全国）简述委员会制的优点。

答案：

委员会制的优点如下所述。

（1）能集思广益，容纳各方意见，集中众人智慧，考虑问题较全面。

（2）集体承担责任，有利于协调一致地推行计划。

（3）互相监督，不易营私舞弊。

小试牛刀

文字题

简述首长制的优缺点。

答案：

（1）首长制的优点如下所述。

①事权集中，办事果断，指挥统一，行动迅速，有利于行政效率的提高。

②责任明确，权责统一，可避免职责不清、互相推诿、无人负责等弊端的产生。

③易于保密。

（2）首长制的缺点如下所述。

①首长个人独揽全权，易形成个人专制。

②首长易滥用职权，拉帮结派，营私舞弊。

③首长一人智力、精力有限，对问题的考虑难以周详，难免出现“智者千虑，必有一失”之弊。

首长制、委员会制与混合制的具体运用☆☆

（1）首长制、委员会制各有利弊，并无绝对优劣，应视情况而灵活运用，不可偏于一隅。

（2）新公共管理的核心是借助市场机制提高行政效率。

名师解读

（1）首长制运用于行政、执行、技术、军事等性质的事务（注重效率的事情适用首长制）。

（2）委员会制则运用于顾问、讨论、立法、决策、调节等性质的工作（需要大家集思广益后做决定的事情，适用委员会制）。

（3）新公共管理的核心是借助市场机制提高行政效率，倾向于在行政组织中实施首长制。主张减少组织的层级，扩大管理幅度，以提高行政效率，明确行政责任，推动组织分权（因为新公共管理注重效率，所以适用首长制）。

真题小练

单选题

1.（2017 年 4 月 全国）新公共管理崇尚效率、分权、市场和竞争等理念，其核心是（　　）

A. 减少行政层级　　　　B. 树立“顾客意识”

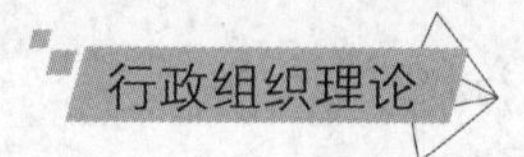

C. 借助市场机制提高行政效率　　　　　D. 强调权变观念

答案及解析：C。新公共管理崇尚效率、分权、市场和竞争等理念，它的核心是借助市场机制提高行政效率。

多选题

2.（2016 年 10 月 全国）新公共管理运动给行政组织体制带来观念上的冲击，下列符合其主张的观点有（　　）

A. 新公共管理的核心是借助市场机制提高行政效率

B. 新公共管理倾向于在行政组织中实施首长制

C. 新公共管理倾向于在行政组织中实施委员会制

D. 新公共管理主张减少组织层级，扩大管理幅度

E. 新公共管理主张增加组织层级，缩减管理幅度

答案及解析：ABD。新公共管理的核心是借助市场机制提高行政效率。新公共管理倾向于在行政组织中实施首长制，主张减少组织的层级，扩宽管理幅度，以提高行政效率，明确行政责任，推动组织分权。

小试牛刀

单选题

新公共管理倾向于在行政组织中实行（　　）

A. 首长制　　　　B. 委员会制

C. 完整制　　　　D. 分离制

答案及解析：A。新公共管理倾向于在行政组织中实施首长制，主张减少组织的层级，扩宽管理幅度，以提高行政效率，明确行政责任，推动组织分权。

第四节　完整制与分离制

完整制与分离制的含义☆☆

1. 完整制

同一层级地方政府的各个行政部门均受同一行政组织首脑机关领导的一种行政组织体制。

2. 分离制

同一层级地方政府的各个行政部门，分属两个以上行政组织领导的行政组织体制。

（1）完整制：完整制是实行一元化领导的组织体制。

（2）分离制：分离制是实行二元化领导的组织体制。我国行政组织体制基本上属于分离制。

真题小练

单选题

（2016年10月 全国）同一层级政府的各个行政部门均受同一行政组织首脑机关领导的行政组织体制是（　　）

A. 委员会制　　B. 分离制

C. 首长制　　D. 完整制

答案及解析：D。完整制，是指同一层级地方政府的各个行政部门均受同一行政组织首脑机关领导的一种行政组织体制。

小试牛刀

单选题

同一层级地方政府的各个行政部门，分属两个以上行政组织领导的行政组织体制，指的是（　　）

A. 分离制　　B. 完整制

C. 委员会制　　D. 混合制

答案及解析：A。分离制，是指同一层级地方政府的各个行政部门，分属两个以上行政组织领导的行政组织体制。

知识点 2

完整制与分离制的优缺点☆

1. 完整制的优缺点

（1）完整制的优点。

①在同一级政府内权责集中，指挥统一，可令行禁止，防止迟缓推诿。

②在同一级政府的统一领导下，各部门相互合作、协调配合，可减少单位间的摩擦与冲突，并避免单位间的工作重复。

（2）完整制的缺点。

①权力过分集中于地方政府，易形成一级行政首长的个人专权。

②易形成地方本位主义，不利于上级方针政策的贯彻落实，不利于中央政府对全国的

宏观控制。

2. 分离制的优缺点

（1）分离制的优点。

①领导权力分散，并互相牵制，可防止一级行政首长的独裁专断。

②实行二元化领导，既有利于上级方针政策的有效贯彻，也有利于下级政府因地制宜地加以实施。

（2）分离制的缺点。

①权力分散，易导致多头指挥、政令冲突，使得任何一个领导机关均指挥不灵。

②政出多门，易导致下级无所适从，或利用矛盾为己所用。

小试牛刀

文字题

简述行政组织体制中分离制的优缺点。

答案：

（1）行政组织体制中分离制的优点如下所述。

①领导权力分散，并互相牵制，可防止一级行政首长的独裁专断。

②实行二元化领导，既有利于上级方针政策的有效贯彻，也有利于下级政府因地制宜地加以实施。

（2）行政组织体制中分离制的缺点如下所述。

①权力分散，易导致多头指挥、政令冲突，使得任何一个领导机关均指挥不灵。

②政出多门，易导致下级无所适从，或利用矛盾为己所用。

第五节　名誉市长制与市经理制

名誉市长制的含义、特征及优劣☆

1. 名誉市长制的含义

名誉市长制又称委员会制，是指城市政府仅设立一个名誉市长，行政及立法实权皆由民选的市议会或民选的委员会所执掌的行政组织体制。

2. 名誉市长制的特征

否定“权力分立”，实现“立法与行政的统一”。

3. 名誉市长制的优点

责权集中，机构精简，可有效避免行政与立法机构之间的对立与冲突。

4. 名誉市长制的缺点

各行政部门之间的工作难以协调，行政失去了立法的控制与监督，难以保证议员的能力和专长适宜于其所从事的行政工作。

名誉市长制：名誉市长没有行政实权，委员会既管立法又管行政。

小试牛刀

多选题

美国名誉市长制的优点主要有（　　）

A. 责权集中　　B. 机构精简

C. 避免行政与立法机构之间的冲突　　D. 各行政部门之间的工作易于协调

E. 有一个统一负责的行政首长

答案及解析：ABC。名誉市长制具有责权集中，机构精简，可有效避免行政与立法机构之间的对立与冲突等优点。

市经理制的含义、特征及优劣☆☆

1. 市经理制的含义

又称委员会—经理制，是指城市的立法权由民选的市委员会或市议会所掌握，再由市委员会或议会聘任一名市经理执掌行政权的行政组织体制。

2. 市经理制的特征

作为立法机关的市议会或市委员会由选民选举产生，专门负责制定各种政策和法律，并控制财权。

3. 市经理制的优点

（1）有一个统一而高度负责的行政首长，便于统一指挥，提高行政工作效率。

（2）行政首长由市政专家担任，有利于提高城市管理的科学化水平。

（3）市经理对民选的市委员会负责，市委员会对选民负责，使得专家的特长与选民的意志得以较好的结合。

4. 市经理制的缺点

可能产生急于求成的短期行为弊端。

名师解读 市经理制（产生于美国）：市经理是聘请一个有才能的人来担任，负责管理行政工作（市议会管立法，有聘请、监督和随时撤换市经理的权力）。

（此知识点的常考题型为简答题，同学们需要着重识记市经理制的优缺点。）

▶ 真题小练

文字题

（2015 年 10 月 全国）简述市经理制的优缺点。

答案：

（1）市经理制的优点如下所述。

①有一个统一而高度负责的行政首长，便于统一指挥，提高行政工作效率。

②行政首长由市政专家担任，有利于提高城市管理的科学化水平。

③市经理对民选的市委员会负责，市委员会对选民负责，使得专家的特长与选民的意志得以较好的结合。

（2）缺点：可能产生急于求成的短期行为弊端。

▶ 小试牛刀

单选题

创立城市行政组织新体制—市经理制的国家是（　　）

A. 英国　　B. 美国　　C. 法国　　D. 日本

答案及解析：B。市经理制，又称委员会—经理制，是指城市的立法权由民选的市委员会或市议会所掌握，再由市委员会或议会聘任一名市经理执掌行政权的行政组织体制。该体制产生于美国。

第六节　行政组织类型

知识点 1

▶ 以行政职权大小分类☆

1. 统率机关

（1）统率机关的含义。

统率机关即行政首脑机关，是指具有决策、组织、指挥、协调、控制与监督等权力的机关。

（2）统率机关的职责如图 8-5 所示。

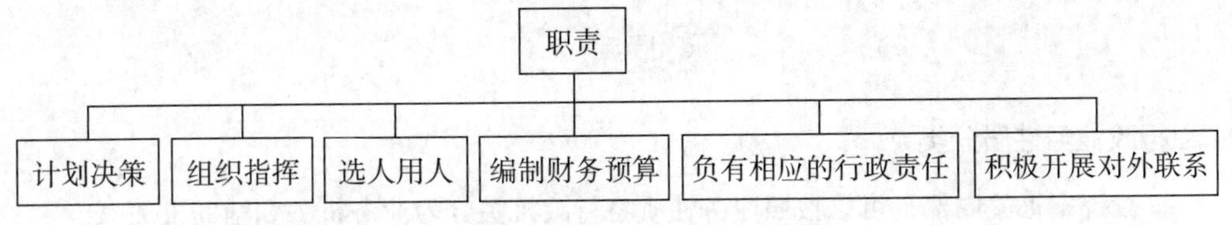

图 8-5　统率机关的职责

2. 被统率机关

（1）被统率机关的性质。

被统率机关是指在行政首长的统一领导下，具体执行统率机关所制定的决策及命令的机关，具有执行性与辅助性的特点。

（2）被统率机关的职责。

被统率机关总的职责是忠实地贯彻执行行政首脑机关的决策与命令，圆满地完成行政首长所交办的各项任务。

统率机关是各级行政机关的指挥与决策中心，在整个行政机关中发挥统率作用。行政首长是统率机关的代表。例如，某个县既有县政府又有财政局、交通局等，县政府就是统率机关，而财政局、交通局属于被统率机关。

真题小练

单选题

（2008 年 1 月 全国）各行政机关的指挥和决策中心是（　　）

A. 业务机关　　B. 执行机关

C. 辅助机关　　D. 统率机关

答案及解析：D。统率机关是各级行政机关的指挥与决策中心，在整个行政机关中发挥统率作用。

小试牛刀

多选题

统率机关的职责有（　　）

A. 计划决策　　B. 组织指挥

C. 选人用人　　D. 编制财务预算

E. 负有相应的行政责任

答案及解析：ABCDE。统率机关的职责有：计划决策、组织指挥、选人用人、编制财务预算、负有相应的行政责任和积极开展对外联系。

知识点 2

以行政业务性质分类☆

1. 被统率机关内部，可以按照业务性质将行政机关分为业务机关和辅助机关

（1）业务机关，指活动内容就是实现整个行政组织的目标、任务的机关，它直接履行政府的政治、经济、文化、教育、卫生、科技、社会服务职能，是与社会民众发生直接关系的组织。

（2）辅助机关，指活动内容直接为行政首长和业务机关服务、间接为实现整个行政组织目标服务的机关。

2. 在业务机关内部，行政机关可分为综合性管理机关和专门性管理机关

（1）综合性管理机关，指管理业务具有综合性，管理对象跨部门、跨行业的机关。

（2）专门性管理机关，指管理业务具有专门性、管理对象比较单一的机关。

名师解读

（1）业务机关：直接履行政府的职能（政治、经济、文化、教育等），是与社会民众发生直接关系的组织。如国家发展和改革委员会、教育部、科学技术部、财政部、外交部、农业农村部、公安部等。

（2）辅助机关：服务对象不是社会民众，而是行政机关自身，如各级人民政府办公厅（室）、法制办、信息中心、政策研究室、人事局、统计局、机关事务管理局等。例如，财政部想制定某项制度，政策研究室便要为其提供相应的政策，所以辅助机关是为业务机关服务的。

（3）综合性管理机关：有助于降低行政成本，节约编制，如国家发改委、财政部、人力资源和社会保障部。

（4）专门性管理机关：管理业务具有专门性，管理对象比较单一，如我国的教育部、交通运输部。例如，教育部只管教育方面的工作。

真题小练

单选题

（2008 年 1 月 全国）下列属于为行政首长服务的辅助机关的是（　　）

A. 工商局　　　　B. 人民政府办公室

C. 公安局　　　　D. 民政局

答案及解析：B。辅助机关是指活动内容直接为行政首长和业务机关服务、间接为实现整个行政组织目标服务的机关。如各级人民政府办公厅（室）、法制办、信息中心、政策研究室、人事局、统计局、机关事务管理局等，其服务对象不是社会民众，而是行政机关自身。

小试牛刀

单选题

我国国务院的工作部门财政部属于（　　）

A. 综合性管理机关　　B. 辅助机关

C. 专门性管理机关　　D. 信息机关

答案及解析：A。综合性管理机关是指管理业务具有综合性，管理对象跨部门、跨行业的机关。如国家发展和改革委员会、财政部、审计署等。

知识点 3

以行政活动程序分类☆☆

（1）决策机关，指在行政活动中做出决定、制定规划、发布命令的机关。

（2）执行机关，指对决策机关做出的指示、命令、决议等加以贯彻和实施的机关。

（3）咨询机关，指为决策机关提供意见和建议的机关，通常由专家、学者、政府组织的代表、民众代表组成，以保证决策的科学性、民主性。

（4）信息机关，指专门负责收集、加工、储存与传递有关人、财、物等各方面信息的机关。

（5）监察机关（分为两种）：一是负责对整个行政机关、行政工作人员以及由国家行政机关任命的其他人员进行监督、检查的机关；二是负责对社会组织、企事业单位和公民遵守国家法律、执行首脑机关发布的决议与命令的情况进行监督、检查的机关。

（1）决策机关：如国务院、地方各级人民政府等。

（2）执行机关：如国务院各部、委对国务院等。

（3）咨询机关：智囊团，如国家经济研究中心。

（4）信息机关：如统计局，统计出来的数据为业务机关服务。

（5）监察机关：一种如国家监察委员会；一种如市场监督管理局。

真题小练

单选题

（2007 年 1 月 全国）以行政活动程序为标准分类，统计局属于（　　）

A. 咨询机关　　B. 信息机关

C. 监察机关　　　　D. 执行机关

答案及解析：B。信息机关是指专门负责收集、加工、储存与传递有关人、财、物等各方面信息的机关，如统计局等。

小试牛刀

单选题

对国家行政机关任命的国有企业、事业单位领导干部进行监督、检查的机关是（　　）

A. 国家监察委员会　　　　B. 工商行政管理局

C. 技术监督局　　　　D. 审计署

答案及解析：A。监察机关分为两种，其中一种是负责对整个行政机关、行政工作人员以及由国家行政机关任命的其他人员（主要指国有企业、事业单位的领导干部）进行监督、检查的机关，如国家监察委员会。

知识点 4

以其他标准分类☆

1. 以行政层级分类

（1）中央行政机关，指活动范围涉及全国的行政机关。

（2）地方行政机关，指活动范围仅涉及一定行政地域范围的行政机关。

2. 以行政组织设置的时间分类

（1）常设机关，即永久性行政机关，是管理经常性行政事务的机关。

（2）临时机关，为解决某一临时性专门问题而设置的机关。

3. 以行政组织的特殊性分类

（1）派出机关，指上级人民政府根据工作需要，在其所辖区域内设立的代表机关。

（2）分支机关，指中央机关设在各地的分支机构。

（3）合署办公机关，指两个或两个以上机关，因工作性质较接近、联系较紧密所组成的联合机构。

此知识点主要以选择题的形式进行考查，同学们需要着重识记。

真题小练

单选题

（2017年10月全国）把行政组织分为中央行政机关与地方行政机关，其划分标准是（　　）

A. 行政活动程序　　B. 行政层级

C. 行政组织的特殊性　　D. 行政管理水平的高低

答案及解析：B。以行政层级为标准分类，行政组织可分为中央行政机关与地方行政机关。

小试牛刀

单选题

1. 将行政组织分为常设机关与临时机关的依据是（　　）

A. 行政层级　　B. 行政组织的特殊性

C. 设置的时间　　D. 行政组织结构

答案及解析：C。以设置的时间为标准分类，行政组织可分为常设机关与临时机关。

2. 上级政府根据工作需要，在其所辖区内设立的代表机关为（　　）

A. 分支机关　　B. 派出机关

C. 地方行政机关　　D. 监察机关

答案及解析：B。派出机关，是指上级人民政府根据工作需要，在其所辖区域内设立的代表机关。

本章易考知识点回顾

- 行政组织体制
  - 集权制、分权制与均权制
    - 集权制
      - 完全的指挥监督权
      - 法国：省长由总理任命（1982年之前）
      - 优点：政令统一、层级节制
      - 缺点：压抑地方政府的积极性
    - 分权制
      - 自主决定权
      - 代表国：美国
      - 优点：因地制宜
      - 缺点：易形成地方本位主义
    - 均权制
      - 权力保持平衡
      - 代表人：孙中山
      - 优点：避分权制、集权制之短
      - 缺点：均权不当，则会扬集权制和分权制之短
  - 首长制、委员会制与混合制
    - 首长制
      - 最高决策权由行政首长一人执掌
      - 代表国：美国
      - 优点：事权集中、权责统一
      - 缺点：个人专制
    - 委员会制
      - 最高决策权由两个以上人员组成的集体或委员会所执掌
      - 代表国：瑞士
      - 优点：协调一致
      - 缺点：责任分散不明确
    - 混合制：首长制与委员会制相结合
  - 完整制与分离制
    - 完整制：各个行政部门均受同一行政组织首脑机关领导
    - 分离制：同一层级地方政府的各个行政部门，分属两个以上行政组织领导
  - 名誉市长制与市经理制
    - 名誉市长制：行政及立法实权皆由民选的市议会或民选的委员会所执掌的行政组织体制
    - 市经理制：市议会对市经理有聘任、监督和随时撤换的权力
  - 行政组织类型
    - 以行政职权大小分类
      - 统率机关
      - 被统率机关
    - 以行政业务性质分类
      - 业务机关
      - 辅助机关
      - 综合性管理机关
      - 专门性管理机关
    - 以行政活动程序分类
      - 决策机关
      - 执行机关
      - 咨询机关
      - 信息机关
      - 监察机关
    - 以其他标准分类
      - 以行政层级分类
      - 以行政组织设置的时间分类
      - 以行政组织的特殊性分类

第九章　行政组织的设置与自身管理

通过学习本章内容，同学们要了解行政组织在不同时期设置的一般原则和作用，掌握我国行政组织设置的基本原则，了解行政组织自身管理的一般方法，掌握我国行政组织自身管理的基本方法和内容。

规制型管理、效能原则、行为科学时期的行政组织设置原则、市场化管理为本章的重点内容，同学们在学习过程中需注意识记。

第一节　行政组织设置的指导思想和原则

行政组织设置的指导思想☆

（1）主观性与客观性的对立统一。

（2）科学性与阶级性的对立统一。

（3）稳定性与变动性的对立统一。

名师解读　行政组织建立原则的指导思想如下所述。

（1）主观性与客观性的对立统一（建立行政组织时，需要考虑目前的条件及状况）。

（2）科学性和阶级性的对立统一（建立行政组织时，既要讲究科学与效率，也要考虑到人民大众的根本利益）。

（3）稳定性与变动性的对立统一（行政组织要随着时代的变化而变化）。

知识点 2

不同时期的行政组织设置的一般原则☆☆☆

1. 传统理论时期的行政组织设置原则（如图 9–1）

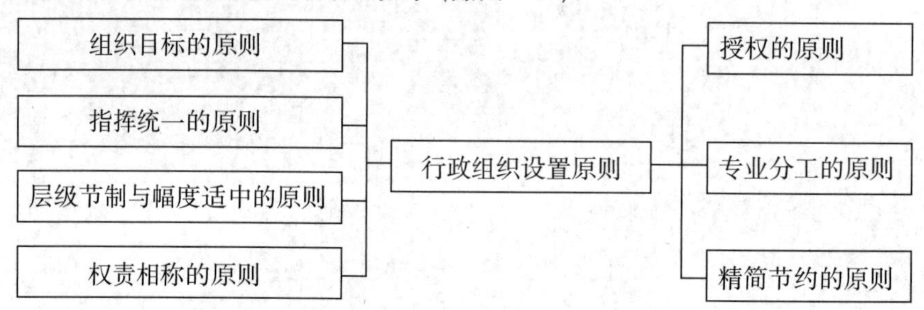

图 9–1　传统理论时期的行政组织设置原则

2. 行为科学时期的行政组织设置原则（如图 9–2）

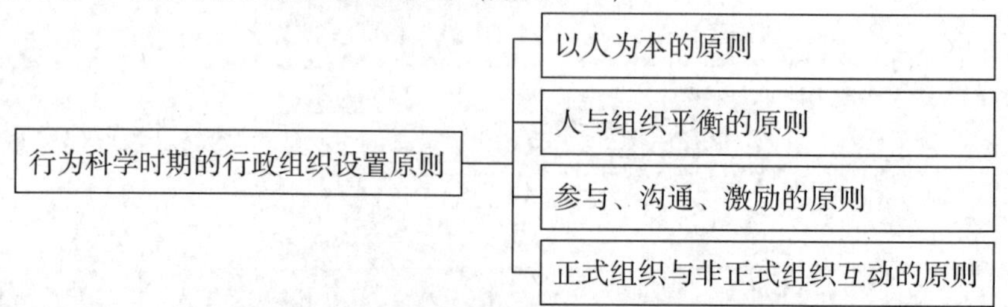

图 9–2　行为科学时期的行政组织设置原则

3. **系统权变理论时期的行政组织设置原则**（如图 9–3）

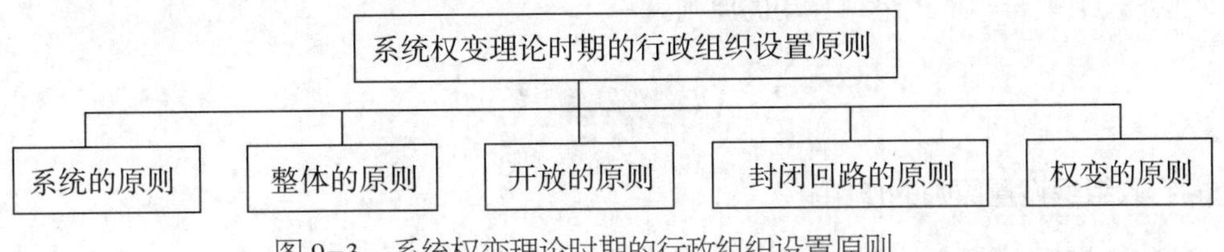

图 9–3　系统权变理论时期的行政组织设置原则

名师解读　传统理论时期的行政组织设置原则如下所述。

（1）组织目标的原则（设置目标，根据目标去完成任务）。

（2）指挥统一的原则（一个下级只服从一个上级的命令，要避免领导无力，权力分散）。

（3）层级节制（如总经理管副总经理，副总经理管中层领导者，中层领导者管底层员工）与幅度适中（法约尔主张管理者管理的人数不要超过六人）的原则。

（4）权责相称的原则（权力与责任成正比，权力越大责任越大）。

（5）授权的原则（上级给予下级权力）。

（6）专业分工的原则（按专业明确分工，如教师负责教育，警察负责维护治安）。

（7）精简节约的原则（提高效率，节约成本）。

小试牛刀

多选题

1. 下列属于传统理论时期行政组织设置原则的是（　　）

A. 组织目标的原则　　B. 指挥统一的原则

C. 权责相称的原则　　D. 授权的原则

E. 专业分工的原则

答案及解析：ABCDE。传统理论时期的行政组织设置原则：①组织目标的原则；②指挥统一的原则；③层级节制与幅度适中的原则；④权责相称的原则；⑤授权的原则；⑥专业分工的原则；⑦精简节约的原则。

文字题

2. 简述行为科学时期的行政组织设置原则。

答案：行为科学时期的行政组织设置原则如下所述。

（1）以人为本的原则。

（2）人与组织平衡的原则。

（3）参与、沟通、激励的原则。

（4）正式组织与非正式组织互动的原则。

知识点 3

行政组织设置原则的作用☆

（1）有助于设计与建立科学、合理的行政组织结构。

（2）有助于指导与规范行政组织的日常管理。

（3）有助于改革与完善行政组织。

本知识点不属于常考知识点，同学们理解即可。

第二节　中国行政组织设置的原则

服务原则☆☆☆

为人民服务是我国行政组织设置的根本宗旨，这要求将为人民谋利益作为组织设置与组织全部活动的出发点和归宿。

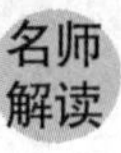

服务原则：因为我国的政府是人民的政府，所以为人民服务是我国行政组织设置的根本宗旨（此知识点在 2012、2014、2015 和 2017 年考过选择题，属于常考知识点，同学们需要着重识记）。

真题小练

单选题

（2017 年 4 月 全国）当前我国行政组织设置的根本宗旨是（　　）

A. 提高行政效率　　B. 为人民服务

C. 以经济建设为中心　　D. 依法行政

答案及解析：B。为人民服务是我国行政组织设置的根本宗旨。

小试牛刀

单选题

我国行政组织的设置，其根本的宗旨是为人民服务，这要求将为人民（　　）作为组织设置与组织全部活动的出发点和归宿。

A. 谋利益　　B. 做榜样　　C. 定制度　　D. 设目标

答案及解析：A。我国行政组织的设置，其根本的宗旨是为人民服务，这要求将为人民谋利益作为组织设置与组织全部活动的出发点和归宿。

知识点 2

职能原则☆

（1）根据行政组织职能设立相应的机构。

（2）围绕组织职能确立组织结构。

（3）根据职能的发展变化，适时地调整行政组织。

职能原则：随着组织目标、职能的发展、变化或消亡，而相应增加、调整或撤销行政机构。

小试牛刀

单选题

随着组织目标、职能的发展、变化或消亡，而相应增加、调整或撤销行政机构，属于中国行政组织设置的（　　）

A. 服务原则　　B. 职能原则

C. 效能原则　　D. 统一原则

答案及解析：B。职能原则要求，随着组织目标、组织职能的发展、变化或消亡，我国行政机构的设置也应相应地增加、调整或撤销。

统一原则☆

统一原则如图 9-4 所示。

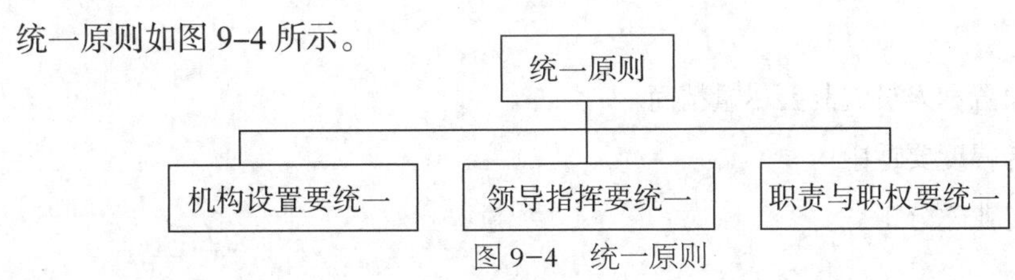

图 9-4　统一原则

本知识点不属于常考知识点，同学们理解即可。

小试牛刀

单选题

职责与职权不一致是违反了（　　）

A. 系统原则　　　　B. 职能原则

C. 统一原则　　　　D. 服务原则

答案及解析：C。统一原则要求：机构设置要统一、领导指挥要统一、职责与职权要统一。

系统原则☆

系统原则如图 9–5 所示。

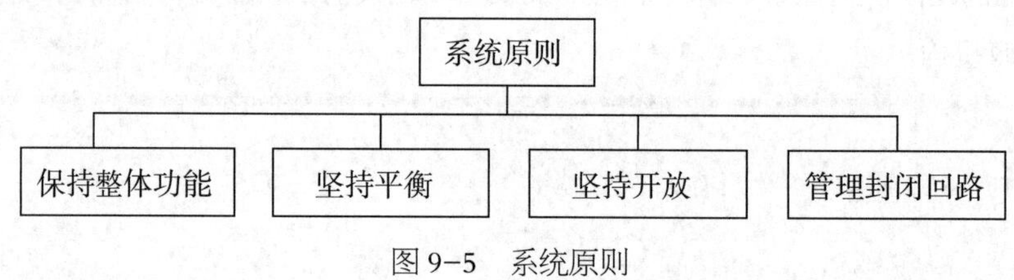

图 9–5　系统原则

名师解读　系统原则如下所述。

（1）保持整体功能（行政组织的系统功能不在于多，而是在于合理与完整）。

（2）坚持平衡（行政组织的系统要平衡，不能一头重一头轻）。

（3）坚持开放（行政组织的系统不应封闭，要与外界沟通）。

（4）管理封闭回路（如上级给下级布置任务，下级完成任务后要向上级汇报）。

知识点 5

效能原则☆☆☆

（1）机构设置和人员编制要尽量精简。

（2）层级与幅度要适中。

（3）进行专业化分工。

（4）简化办事程序。

名师解读 行政组织设置的效能原则的要求如下所述。

（1）机构设置和人员编制要尽量精简（不设无用机构，少设副职，不设闲职）。

（2）层级与幅度要适中（行政层级不要过高或过低，管理幅度不要过大或过小）。

（3）进行专业化分工（同一工作不交给两个人或两个部门去做）。

（4）简化办事程序（用最少量的时间、程序完成最大量的工作）。

真题小练

单选题

1.（2016 年 4 月 全国）我国在设置行政组织时，机构和人员要尽量精简，层级与幅度要合理适中，这体现了行政组织的（　　）

A. 系统原则　　　B. 职能决定原则

C. 统一原则　　　D. 效能原则

答案及解析：D。行政组织效能原则的要求主要有：①机构设置和人员编制要尽量精简；②层级与幅度要适中；③进行专业化分工；④简化办事程序。

多选题

2.（2012 年 1 月 全国）行政组织效能原则的要求主要有（　　）

A. 层级与幅度适中　　　B. 简化办事程序

C. 进行专业化分工　　　D. 保持组织长期稳定

E. 机构与人员尽量精简

答案及解析：ABCE。效能原则的要求有：①机构设置和人员编制要尽量精简；②层级与幅度要适中；③进行专业化分工；④简化办事程序。

小试牛刀

文字题

简述行政组织效能原则的基本要求。

答案：

（1）机构设置和人员编制要尽量精简。

（2）层级与幅度要适中。

（3）进行专业化分工。

（4）简化办事程序。

知识点 6

法治原则☆

（1）政府机构的设置及其体制要有法律上的根据和保障。

（2）机构的设置与变更要依照法定的程序进行。

名师解读 法治原则：组织的设置、变更要有法定依据。

第三节　行政组织自身管理的一般方法

知识点 1

行政组织自身管理方法的含义、依据和意义☆☆

1. 行政组织自身管理方法的含义

行政组织自身管理的方法是指行政组织为保障行政目标的实现，对行政组织自身及其成员进行控制与管理的方法、措施和手段的总和。

2. 确立行政组织自身管理方法的依据

确立行政组织自身管理方法的依据如图 9-6 所示。

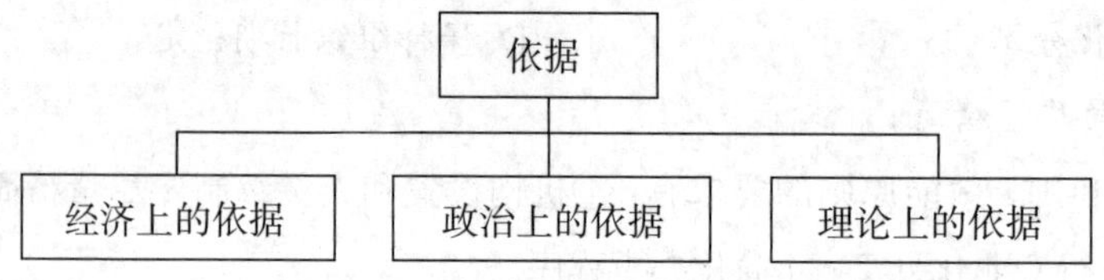

图 9-6　确立行政组织自身管理方法的依据

3. 研究行政组织自身管理方法的意义

（1）行政组织自身管理的方法是行政领导控制与管理行政组织的工具。

（2）做好行政组织自身管理是行政组织有效实施社会事务管理的前提。

名师解读 确立行政组织自身管理方法的依据主要体现在三个方面。

（1）经济上的依据（经济基础决定上层建筑）。

（2）政治上的依据（政体对行政组织管理方法具有直接的影响）。

名师解读

（3）理论上的依据。

①人性本恶 /“X 理论”（外在强制：权力节制、纪律约束、制度规范、经济刺激）。

②人性本善 /“Y 理论”（内在激发：强调人格尊重、人性激发、民主参与上下沟通）。

③人性有善有恶 /“Z 理论”（既要外在强制又要内在激发）。

真题小练

单选题

1.（2016 年 4 月 全国）在西方，建立在人性“有善有恶，亦善亦恶”假设基础上的管理理论是（　　）

A. X 理论　　B. Y 理论

C. Z 理论　　D. 科学管理理论

答案及解析：C。出于这种“有善有恶，亦善亦恶”的人性假设，在行政组织自我管理的过程中，就强调外在强制与内在激发诸方法的灵活运用。这一管理方法在西方被称为“Z 理论”。

2.（2011 年 1 月 全国）在行政组织的自身管理中强调人格尊重、人性激发、民主参与、上下沟通的管理方法，属于（　　）

A. A 理论　　B. X 理论

C. Y 理论　　D. Z 理论

答案及解析：C。出于这种“性善论”的假设，在行政组织的自身管理中一般就强调人格尊重、人性激发、民主参与、上下沟通的管理办法。这一管理方法在西方被称为“Y 理论”。

小试牛刀

多选题

确定行政组织自身管理方法的依据有（　　）

A. 经济　　B. 领导

C. 政治　　D. 理论

E. 社会

答案及解析：ACD。确立行政组织自身管理方法的依据：①经济上的依据；②政治上的依据；③理论上的依据。

知识点 2

行政组织自身管理的一般方法☆☆☆

1. 规制型管理

规制型管理是一种采用严格的规章制度来约束行政组织成员的行为，以高效完成工作任务的管理方法。规制型方法的主要内容是如图 9-7 所示。

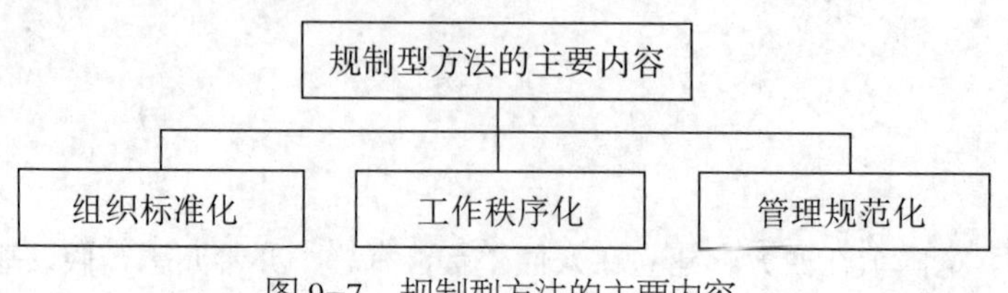

图 9-7　规制型方法的主要内容

2. 情感型管理

情感型管理是一种在行政组织中有选择性地增加情感投入，满足组织成员的感情和心理需要，以提高组织绩效水平的管理方法。

情感型管理中最基本的方法有激励、沟通、参与、协调。

3. 市场化管理

市场化管理的具体内容如下所述。

（1）行政组织内部管理的市场化。

（2）行政组织内部人事制度的市场化。

（3）行政组织自我服务功能的市场化。

名师解读 情感型管理（通过以下四点使员工对组织产生依赖）。

（1）激励，提高员工的斗志。

（2）沟通，增进员工的信任和了解。

（3）参与，调动员工的积极性。

（4）协调，建立和谐的工作环境。

真题小练

单选题

（2017 年 10 月 全国）在行政组织中有选择地增加情感投入、满足组织成员的感情和心理需要，以提高组织绩效水平的管理方法属于（　　）

A. 沟通型管理　　B. 情感型管理

C. 市场型管理　　D. 规制型管理

答案及解析：B。情感型管理是一种在行政组织中有选择性地增加情感投入，满足组织成员的感情和心理需要，以提高组织绩效水平的管理方法。

小试牛刀

多选题

情感型管理最基本的方法有（　　）

A. 控制　　B. 激励　　C. 参与　　D. 协调

E. 沟通

答案及解析：BCDE。情感型管理中最基本的方法有激励、沟通、参与、协调。

第四节　中国行政组织自身管理的方法

民主集中制☆☆

（1）民主集中制是党和国家的最根本的制度。

（2）行政组织的自身管理要民主。

（3）行政组织的自身管理在高度民主的基础上实行高度的集中。

名师解读　民主集中制是党和国家的最根本的制度，宪法规定“中华人民共和国的国家机构实行民主集中制的原则”。

小试牛刀

单选题

我国行政组织管理最根本的制度是（　　）

A. 集权制　　B. 分权制

C. 民主集中制　　D. 议行合一制

答案及解析：C。民主集中制是党和国家的最根本的制度，也是我们传统的制度。

知识点 2

重人与重制度相结合☆☆

1. 重视人

我国行政组织自身管理中的重人方法体现为：尊重人、理解人、关心人。

2. 重视制度

从某种意义上说，制度是更带有根本性的问题。如果离开制度，就会变成无法可依的人治。

重人（要发挥人的主观能动性）与重制度（制度决定着权力分配。在行政组织的自身管理中，最根本性问题是制度）相结合。

（此知识点不是常考知识点，同学们理解即可。）

目标管理☆☆

目标管理的方法如图 9–8 所示。

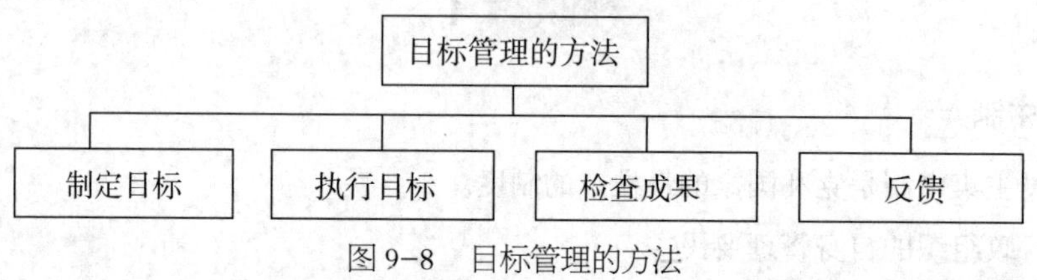

图 9–8　目标管理的方法

名师解读

目标管理：最早由美国人彼得·德鲁克提出，20 世纪 60 年代后成功运用于日本企业管理。

（1）制定目标（要先有目标才能对其进行管理，所以制定目标，是目标管理中基础和核心的环节）。

（2）执行目标（有了目标便可以去执行）。

（3）检查成果（对已完成的目标进行检查，看看是否达成了预期的成果）。

（4）反馈（通过反馈可以了解目标在执行过程中或在检查过程中，存在哪些优点和不足）。

真题小练

单选题

（2017 年 4 月 全国）目标管理的基础和核心环节是（　　）

A. 制定目标　　　　B. 执行目标

C. 检查成果　　　　D. 反馈信息

答案及解析：A。制定目标。制定一个切实可行、科学合理的行政组织目标是目标管理中基础和核心的环节。

小试牛刀

单选题

目标管理最早是由（　　）提出的。

A. 法约尔　　B. 泰罗

C. 德鲁克　　D. 西蒙

答案及解析：C。目标管理最早由美国人彼得·德鲁克提出。

本章易考知识点回顾

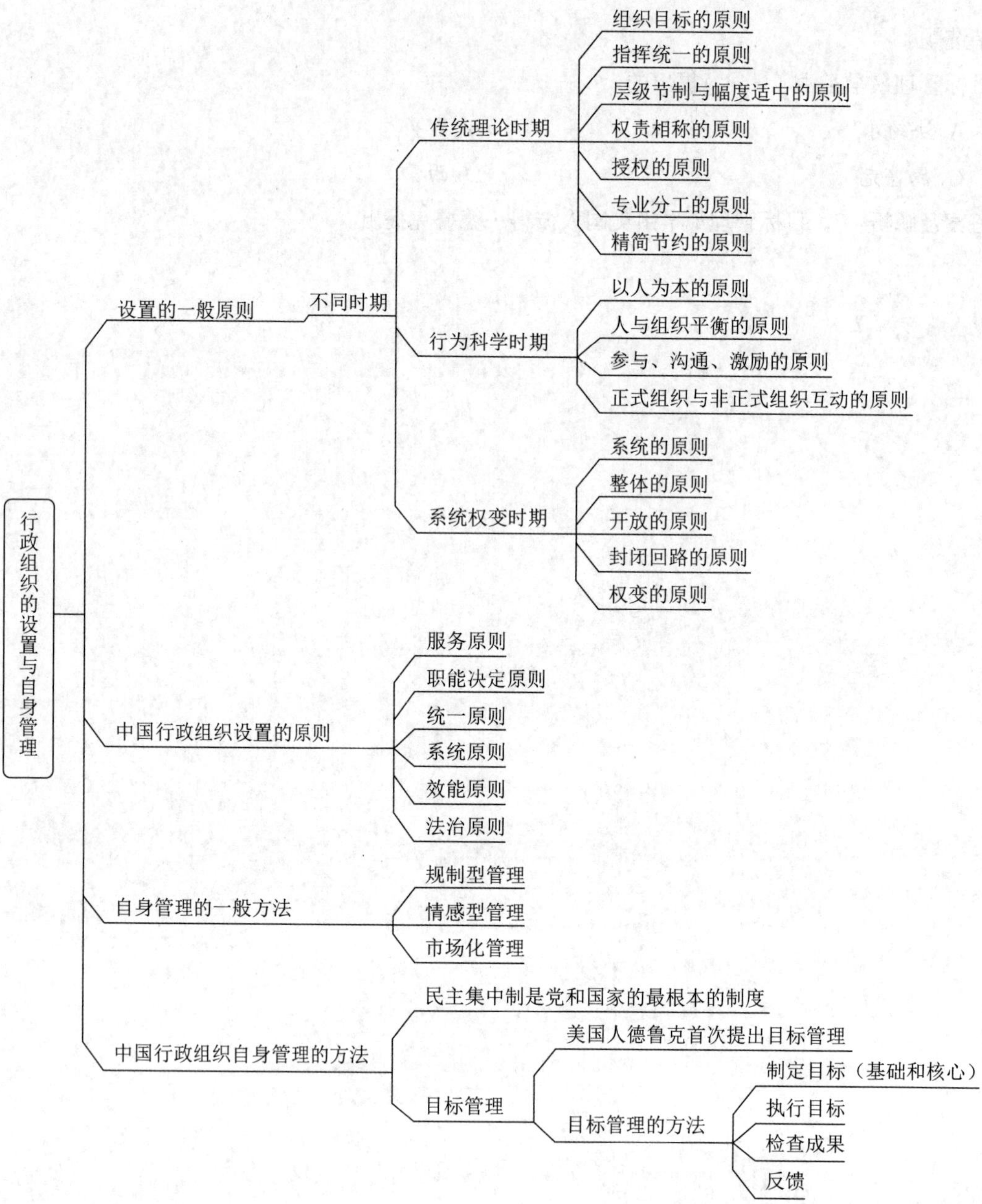

- 行政组织的设置与自身管理
  - 设置的一般原则
    - 不同时期
      - 传统理论时期
        - 组织目标的原则
        - 指挥统一的原则
        - 层级节制与幅度适中的原则
        - 权责相称的原则
        - 授权的原则
        - 专业分工的原则
        - 精简节约的原则
      - 行为科学时期
        - 以人为本的原则
        - 人与组织平衡的原则
        - 参与、沟通、激励的原则
        - 正式组织与非正式组织互动的原则
      - 系统权变时期
        - 系统的原则
        - 整体的原则
        - 开放的原则
        - 封闭回路的原则
        - 权变的原则
  - 中国行政组织设置的原则
    - 服务原则
    - 职能决定原则
    - 统一原则
    - 系统原则
    - 效能原则
    - 法治原则
  - 自身管理的一般方法
    - 规制型管理
    - 情感型管理
    - 市场化管理
  - 中国行政组织自身管理的方法
    - 民主集中制是党和国家的最根本的制度
    - 目标管理
      - 美国人德鲁克首次提出目标管理
      - 目标管理的方法
        - 制定目标（基础和核心）
        - 执行目标
        - 检查成果
        - 反馈

第十章　组织激励

“激励”一词由来已久。在组织中，科学的激励对人才的吸引、团队的凝聚力等方面有着不可忽视的作用。

通过本章内容的学习，同学们需要掌握组织激励的含义，了解组织激励的过程，熟悉组织激励的特质，掌握组织激励的类型、组织激励的主要思想和正确评价组织激励的意义。

第一节　组织激励理论的产生

知识点 1

组织激励的概念界定☆

组织激励是指根据人的需要，通过设计适当的奖惩制度，创造必要的环境，借助信息沟通来激发、引导、保持与组织目标一致的行为，抑制和规范偏离的行为的管理过程。组织激励是组织为了组织目标的实现，结合组织成员的个性特点和管理情境，运用制度设计、领导、组织沟通等手段，来激励和规范员工行为的一种组织管理活动。这一定义包含以下几个方面的内容。

（1）组织激励的出发点是满足组织成员的各种需要。

（2）组织激励的方式可以奖励和惩罚并举。

（3）组织激励贯穿于组织成员工作的全过程，激励工作需要耐心。

（4）组织激励过程中，信息沟通起重要的作用，贯穿于组织激励工作的始末。

（5）组织激励的最终目的是在实现组织预期目标的同时，也能让组织成员实现其个人目标，即达到组织目标和员工个人目标在客观上的统一。

名师解读

本知识点需考生识记组织激励的概念及含义。

易考题型为选择题、判断题或简答题。

小试牛刀

简答题

简述组织激励的定义所包含的内容。

答案：（1）组织激励的出发点是满足组织成员的各种需要。

（2）组织激励的方式可以奖励和惩罚并举。

（3）组织激励贯穿于组织成员工作的全过程，激励工作需要耐心。

（4）组织激励过程中，信息沟通起重要的作用，贯穿于组织激励工作的始末。

（5）组织激励的最终目的是在实现组织预期目标的同时，也能让组织成员实现其个人目标，即达到组织目标和员工个人目标在客观上的统一。

知识点 2

组织激励的过程☆☆

组织激励是“以人为中心的管理的核心”，是组织根据人的需要，通过设计适当的奖惩制度，创造必要的环境，借助信息沟通来激发、引导、保持与组织目标一致的行为，抑制和规范偏离组织目标的行为的管理过程，是组织在管理过程中的一种职能行为。从组织角度而言，员工的激励过程从分析和刺激员工需求开始，如图 10-1 所示。

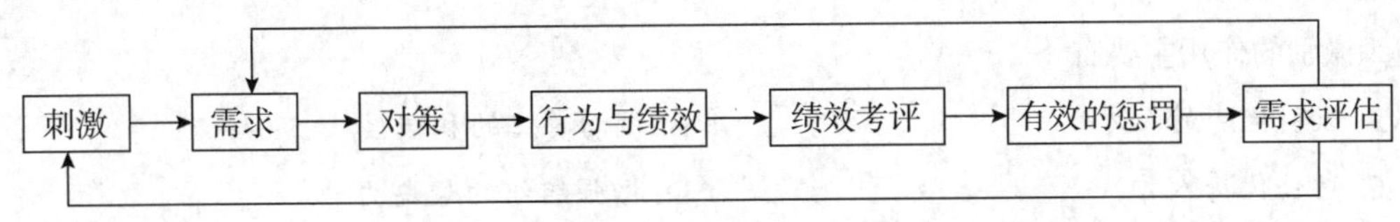

图 10-1　组织激励过程

本知识点需考生理解组织激励的过程，考试中可能出现选择题或判断题。

激励的实质就是通过人的需求或动机达到引导人的行为的目的。组织激励也是在此基础上，追求预期目标实现的过程，考生可结合实际进行理解。

小试牛刀

单选题

“以人为中心的管理的核心”是指（　　）

A. 组织计划　　B. 组织控制

C. 组织激励　　D. 组织领导

答案及解析：C。组织激励是“以人为中心的管理的核心”，是组织根据人的需要，通过设计适当的奖惩制度，创造必要的环境，借助信息沟通来激发、引导、保持与组织目标一致的行为，抑制和规范偏离组织目标的行为的管理过程。

知识点 3

组织激励的价值☆☆

对于一个组织来说，科学的激励具有以下作用。

（1）吸引优秀的人才。

（2）调动员工的积极性。

（3）留住优秀人才。

（4）增强组织的凝聚力。

名师解读 本知识点需考生识记，易考题型为选择题或简答题。

助记口诀："人才增调"。

小试牛刀

多选题

组织激励的作用主要有（　　）

A. 吸引优秀的人才
B. 调动员工的积极性
C. 留住优秀人才
D. 增强组织的凝聚力
E. 减少企业资本成本

答案及解析：ABCD。组织激励的作用包括：（1）吸引优秀的人才；（2）调动员工的积极性；（3）留住优秀人才；（4）增强组织的凝聚力。

知识点 4

组织激励的五力模型☆☆

（1）驱动力：通过激励激发组织成员的内在成就感、使命感等，使他发自内心来做一件事情。

（2）推动力：对组织大部分成员来说，他行为动机的出发点就是自己能得到什么好处，工资和福利是首要考虑的。

（3）压力：指组织管理者通过引入竞争机制给员工适当的加压来激励员工，使团队表现越来越出色。

（4）规范力：指巧妙地运用员工在成长过程中形成的心理、道德、社会规范，对员工产生积极的影响。

（5）自我激励：指社会成员在成长过程中产生的自我要求和行为规范。做到自我激励，需要努力做到保持良好的身体状态、用榜样激励自己和树立敌人。

名师解读 本知识点需考生识记，易出现在多选题或简答题中。

助记口诀："自驱推动，贵（规）呀（压）！"

小试牛刀

解答题

简述组织激励的五力模型。

答案:（1）驱动力。

（2）推动力。

（3）压力。

（4）规范力。

（5）自我激励。

第二节　组织激励的主要思想

内容型激励理论☆☆

1. 内容

研究需求或可满足需求的事物，也称需要理论，主要代表有马斯洛的需求层次理论、奥尔德弗的 ERG 理论、麦克利兰的成就需要理论、赫茨伯格的激励—保健双因素理论。

2. ERG 理论

（1）提出者: 奥尔德弗。

（2）观点: 人们共存在三种核心的需要，即生存（Existence）的需要、相互关系（Relatedness）的需要和成长发展（Growth）的需要。

（3）ERG 理论与马斯洛需要层次理论的区别。

① ERG 理论表明了多种需要可以同时并存。

②马斯洛的需要层次是一种刚性的阶梯式上升结构，而 ERG 理论并不认为各类需要层次是刚性结构，三种需要之间没有明显的界限。

③ ERG 理论还提出了一种叫作“挫折—退化”的思想。

（4）ERG 理论的特点。

①不强调需要层次的顺序，认为某种需要在一定时间内对行为起作用，而当这种需要得到满足后，可能去追求更高层次的需要，但也可能没有这种上升趋势。

②当较高级需要受到挫折时，可能会退而求其次。

③某种需要在得到基本满足后，其强烈程度不仅不会减弱，还可能会增强。

（5）ERG 理论的启示。

管理者要想对员工进行有效的激励，提高组织运作的有效性和高效性，就要将满足员工需要所设置的目标与组织的目标密切结合起来，不仅要掌握充满活力的需要理论，还要善于运用激励员工的管理策略。

作为一名高层管理者,应从调查研究入手,了解和满足下属的需要。对下属的生存需要、相互关系需要和成长发展需要问题的解决，乃是激发其行为，调动其工作积极性，进而实行有效管理的重要方法和途径。

3. 成就需要理论

（1）提出者：麦克利兰。

（2）观点：人的需要由权力、友好和成就三种类型构成。

①成就需要（最重要）：人们追求卓越、实现目标、争取成功的内部驱动力。

②权力需要：影响、控制、指挥别人行为的需要。

③友好需要："合群"的需要，指人们建立友好和亲密关系的人际关系的意愿。

（3）成就需要和工作绩效的关系。

①具有高成就需要的人更喜欢具有个人责任、能独立负责、能够获得信息反馈和适度的冒险性的工作环境，他们会从这种环境中获得高度的激励。

②具有高成就需要者不一定是优秀的管理者，因为，高成就需要者感兴趣的是个人如何做好，而不是如何影响其他人做好。

③友好需要和权力需要与管理者的成功有密切关系。最优秀的管理者有着高权力需要和低友好需要。

④员工的成就需要可以通过培训来激发。

名师解读 本知识点介绍了ERG理论和成就需要理论，考生还需知晓需求层次理论和双因素理论也属于内容型激励理论。考生要对ERG理论与需要层次理论的区别、成就需要和工作绩效的关系进行理解，识记各个理论对应的提出者，对于ERG理论的启示要能够灵活运用。

本知识点的易考题型为选择题、判断题或简答题。

小试牛刀

单选题

在奥尔德弗的ERG理论中，字母"E"代表的是（　　）

A. 合作关系　　B. 生存

C. 相互关系　　D. 成长发展

答案及解析：B。奥尔德弗认为，人们共存在三种核心的需要：生存（Existence）的需要、相互关系（Relatedness）的需要和成长发展（Growth）的需要，因而这一理论被称为ERG理论。即：E代表生存；R代表相互关系；G代表成长发展。

过程型激励理论☆☆

1. 目标设置理论

（1）提出者：美国行为科学家洛克。

（2）观点：目标也是激励人行动的主要原因，目标具有导向性，完成目标可以满足人的情绪和愿望，具体的、具有挑战性的目标能激发人的工作热情，具有一定难度和挑战性的目标，一旦被人们所接受，能激发个体的自我效能感，产生较大的激励作用。

2. 期望理论

（1）提出者：弗鲁姆。

（2）假设：人的每一次行动决策都会挑选对自己有利又力所能及的行为付诸行动。

（3）观点：激励性取决于效价和期望，是二者的乘积。效价指完成某项工作可能获得的奖励大小，期望则指评价自身能力可以完成某项工作的可能性。

（4）公式：激励的力量用M表示，个体对工作的效价用V表示，期望值用E表示，其公式如下所示：$M=V\times E$。这个公式说明：假如一个人把某种目标的价值看得很大，估计能实现的概率也很高，那么这个目标激发动机的力量越强烈。

（5）人的期望模式：个人努力—个人成绩（绩效）—组织奖励（报酬）—个人需要。在这个期望模式中的四个因素，需要兼顾三个方面的关系。

①努力和绩效的关系：个人主观认为达到目标的概率很高，就会有信心，并激发工作力量；如果认为目标太高，通过努力不会有很好绩效时，就失去内在动力，导致工作消极。

②绩效与奖励的关系：组织的目标，如果没有有效的奖励来强化，时间一长，积极性就会消失。

③奖励和个人需要的关系：对于不同的人，采用同一种奖励办法能满足的需要程度不同，能激发出的工作动力也就不同。要采取多种形式的奖励，满足各种需要，最大限度地挖掘人的潜力，最有效地提高工作效率。

3. 公平理论

（1）提出者：亚当斯。

（2）假设：人际交往就像商品交易一样，是一个交换过程，人们都期望在交易过程中得到公平的待遇，自己的投入回报比应该具有公平性。

（3）观点：当员工感到不公平时，将会改变自己的投入、改变自己的产出、歪曲对自我的认知、歪曲对他人的认知、重新选择参照对象或者离开所在企业。

（4）公平理论的启示。

①影响激励效果的不仅有报酬的绝对值，还有报酬的相对值。

②激励时应力求公平，使员工投入回报比等式在客观上成立，尽管有主观判断的误差，也不致造成严重的不公平感。

③在激励过程中应注意对被激励者公平心理的引导，使其树立正确的公平观，一是要认识到绝对的公平是不存在的，二是不要盲目攀比。

名师解读 本知识点需要考生识记目标设置理论的观点、期望理论的公式和含义，理解期望模式中几个因素的关系和公平理论的启示，对各个理论的提出者也要心中有数。本知识点的易考题型为选择题、判断题和简答题。

小试牛刀

单选题

根据期望理论，激励的力量用 M 表示，个体对工作的效价用 V 表示，期望值用 E 表示，其计算公式为（　　）

A. M=V×E　　B. M=V÷E　　C. M=V+E　　D. M=V−E

答案及解析：A。根据期望理论，激励的力量用 M 表示，个体对工作的效价用 V 表示，期望值用 E 表示，其公式为 M =V×E 。

知识点 3

行为改造型激励理论☆☆

1. 内容

行为改造型激励理论是在条件反射理论基础上发展起来的理论，研究行为结果对行为的强化或抑制作用及其规律。主要代表有斯金纳的强化理论和凯利的归因理论。

2. 强化理论

（1）提出者：斯金纳。

（2）观点：强化可以塑造行为，强化物就是能影响行为频率的刺激物。

（3）对行为进行改变的方法：①正强化；②负强化；③惩罚；④衰减。

（4）强化理论具体应用的行为原则。

①经过强化的行为趋向于重复发生。

②要依照强化对象的不同采用不同的强化措施。

③分阶段设立目标，并对目标予以明确规定和表述。

④及时反馈。

⑤正强化比负强化更有效。

（5）强化的类型。

①正强化，又称积极强化。当人们采取某种行为时，能从他人那里得到某种令其感到愉快的结果，这种结果反过来又成为推进人们趋向或重复此种行为的力量。

②负强化，又称消极强化。它是指通过某种不符合要求的行为所引起的不愉快的后果，对该行为予以否定。

③自然消退，又称衰减。它是指对原先可接受的某种行为强化的撤销。

（6）强化理论的应用。

①应以正强化方式为主。

②采用负强化（尤其是惩罚）手段要慎重。

③注意强化的时效性。

④因人制宜，采用不同的强化方式。

⑤利用信息反馈增强强化的效果。

3．归因理论

（1）提出者：海德（首次提出）；美国心理学家哈罗德·凯利。

（2）内涵：归因理论研究的是人们对事件所做出的因果推断，以及推断结果对人们的信息处理和行为态度产生的影响。

（3）影响归因的因素。

①信息因素。

②因果关系信念。

③动机因素。

④归因偏差（原因：认知差异和动机差异）。

本知识点需考生识记强化的类型和归因理论的内涵，理解强化理论的行为原则和影响归因的因素，灵活应用强化理论。

本知识点的易考题型为选择题、判断题和简答题。

小试牛刀

多选题

根据归因理论，影响归因的因素包括（　　）

A. 信息因素　　　　B. 因果关系信念

C. 动机因素　　　　D. 归因偏差

E. 文化因素

答案及解析：ABCD。影响归因的因素主要有：（1）信息因素；（2）因果关系信念；（3）动机因素；（4）归因偏差。

综合型激励理论☆☆

1. 代表性理论

代表性理论有莱曼·波特和爱德华·劳勒的综合激励模式理论、罗伯特·豪斯的激励力量理论、布朗的 VIE 理论。

2. 综合激励模式理论

（1）提出：波特和劳勒在弗鲁姆的期望理论和亚当斯的公平理论基础上，引申出综合激励模型。

（2）观点。

①个人是否努力及努力程度除受奖励价值影响外，还受个人察觉出的努力程度及奖励的概率的影响，个人绩效受能力及对任务的了解度影响。

②个人应得奖励应当以工作绩效为价值标准，尽量提出主观评估因素。

③个人对奖励是否满意及满意度取决于被激励者对公平性的察觉。

④满意度将反馈到下个任务。

（3）综合激励模型的因素。

①能力和素质。

②工作条件。

③角色感知。

3. 激励力量理论

（1）提出者：豪斯。

（2）公式：$F=V_{it}+E_{ia}*V_{ia}+E_{ia}*\sum(E_{ej}*V_{ej})$。F 为激励力量，$V_{it}$ 为任务本身所提供的内在报酬的效价。i 为内在，t 为任务本身。E_{ia} 为完成任务的内在期望概率，即主观上对完成任务可能性的估计。V_{ia} 是表示为完成任务的内在评价或效价。e 表示外在的，j 表示喜悦和快乐。V_{ej} 表示为完成任务后获得相应外在报酬的效价。

4. VIE 理论

（1）提出者：布朗。

（2）含义：效价（Value）—手段（Instrument）—期望（Expectancy）理论。

（3）观点：激励是人们以下三种信念的结果：个人努力的结果是绩效（期望）；个人因有绩效这个媒介而得到报酬（手段）；个人得到报酬后，看到报酬的价值（效价）。

（4）管理人员必须做到以下三点。

①弄清工人的期望。

②把报酬与绩效联系起来。

③考虑报酬的效价，即员工所得报酬必须是对他们有意义的。

5. 综合激励理论的特点

（1）个人是否努力以及努力的程度不仅仅取决于奖励的价值，而且还受到个人觉察出来的努力和受到奖励的概率的影响。

（2）工作的实际绩效取决于能力的大小、努力程度以及对所需完成任务理解的深度。

（3）奖励要以绩效为前提，不是先有奖励后有绩效，而是必须先完成组织任务才能给予精神的、物质的奖励。

（4）奖惩措施是否会产生满意，取决于被激励者认为获得的报酬是否公正。

（5）个人是否满意以及满意的程度将会反馈到其完成下一个任务的努力过程中。

本知识点需考生识记综合激励模式的主要观点、激励力量公式和 VIE 理论的含义，理解综合激励模型的因素和特点，灵活应用 VIE 理论。

本知识点的易考题型为选择题、判断题、简答题或案例分析题。

小试牛刀

单选题

波特和劳勒在弗鲁姆的期望理论和亚当斯的公平理论基础上，引申出的模型是（　　）

A. 综合激励模型　　B. 激励力量模型

C. VIE 模型　　D. 强化模型

答案及解析：A。1968 年，波特和劳勒在弗鲁姆的期望理论和亚当斯的公平理论基础上，引申出综合激励模型。

第三节　组织激励的特质与功能

组织激励的特质☆☆

1. 组织激励的层级性

任何一个组织都包含若干层级，不同的层级目标任务不同，人员情况差异明显，信息占有量不同，关注的领域各自有别，因此采取激励的方式和手段应有所不同，理想的激励效果才会达到。

2. 组织激励的互动性

正是由于组织具有层级性，员工的激励才具有互动性。企业作为一个社会组织，企业所有者激励与企业内部的全员激励是相互影响的。

经济学意义上的委托—代理理论从另一个角度回答了组织激励的双向互动性。

在委托—代理中存在着两方面的典型问题：代理问题和道德风险。

3. 组织激励的多元性

激励的对象是人，是一个组织的所有工作人员，而每个人又是有差异的，要进行有效的激励，就要研究被激励者的心理，清楚他们最需要什么，这样的激励才具有针对性。

本知识点需考生理解组织激励的三大特质，易考题型为选择题或简答题。

关键词："层级""互动""多元"。

助记口诀："多层互动"。

小试牛刀

单选题

下列不属于组织激励特质的是（　　）

A. 层级性　　B. 互动性

C. 多元性　　D. 任务性

答案及解析：D。组织激励的特质：（1）组织激励的层级性；（2）组织激励的互动性；（3）组织激励的多元性。

组织激励的现实功能☆☆

（1）激励能够调动人的热情和积极性。

（2）激励能激发人的潜能，提高人的能力。

（3）激励能提高个体的工作绩效，营造良好的组织氛围，增强组织的整体效能。

本知识点以理解为主，在考试中可能出现选择题或简答题。

▶▶ 组织激励理论的缺陷☆

（1）组织激励理论家们多是抽象地研究人的本性和人的行为，并用封闭的观点来研究组织，没有将其与组织条件、外部环境、社会制度或生产关系联系起来。

（2）组织激励理论研究的对象是人，人有思想、有意识、变化多样，差异甚大，从而带来研究结果的可靠性及置信度等问题。

（3）组织激励理论提出的一些命题，如强化理论，只讨论外部因素或环境刺激对行为的影响，忽略人的内在因素和主观能动性对环境的反作用，具有机械论的色彩等，受到现代组织理论家们的批判。因此，组织激励理论存在着一定的局限性。

名师解读　本知识点以理解为主，需考生灵活运用，可能在考试中以简答题或案例分析题的形式出现。

本章易考知识点回顾

组织激励
组织激励理论的产生
组织激励的定义包含的内容
出发点是满足组织成员的各种需要
方式可以奖励和惩罚并举
贯穿于组织成员工作的全过程，激励工作需要耐心
信息沟通起重要的作用，贯穿于组织激励工作的始末
最终目的是在实现组织预期目标的同时，也能让组织成员实现其个人目标，即达到组织目标和员工个人目标在客观上的统一
过程
刺激
需求
对策
行为与绩效
绩效考评
有效的惩罚
需求评估
价值
吸引优秀的人才
调动员工的积极性
留住优秀人才
增强组织的凝聚力
五力模型
驱动力、推动力、压力、规范力、自我激励
组织激励的主要思想
内容型激励理论
马斯洛需要层次理论
赫茨伯格的激励—保健双因素理论
奥尔德弗的ERG理论
人们共存在三种核心的需要，即生存（Existence）的需要、相互关系（Relatedness）的需要和成长发展（Growth）的需要
麦克利兰的成就需要理论
人的需要由权力、友好和成就（最重要）三种类型构成
过程型激励理论
目标设置理论
美国行为科学家洛克
期望理论
提出者
弗鲁姆
激励性取决于效价和期望，是二者的乘积，M=V×E
公平理论
亚当斯
行为改造型激励理论
强化理论
提出者
斯金纳
强化可以塑造行为，强化物就是能影响行为频率的刺激物
强化的类型：正强化、负强化
归因理论
提出者
海德（首次提出）；美国心理学家哈罗德·凯利
影响归因的因素
信息因素
因果关系信念
动机因素
归因偏差
综合型激励理论
综合激励模式理论
莱曼·波特和爱德华·劳勒
激励力量理论
提出者
豪斯
公式
$F=V_{it}+E_{ia}*V_{ia}+E_{ia}*\Sigma(E_{ej}*V_{ej})$
VIE理论
提出者
布朗
效价（Value）—手段（Instrument）—期望（Expectancy）理论
组织激励的特质与功能
特质
组织激励的层级性
组织激励的互动性
组织激励的多元性
现实功能
激励能够调动人的热情和积极性
激励能激发人的潜能，提高人的能力
激励能提高个体的工作绩效，营造良好的组织氛围，增强组织的整体效能
缺陷
抽象研究，观点时间，未与社会或生产联系
研究对象是人，人的差异甚大，带来研究结果的可靠性及置信度等问题
提出的一些命题，只讨论外部因素或环境刺激对行为的影响，忽略人的内在因素和主观能动性对环境的反作用，具有机械论的色彩等

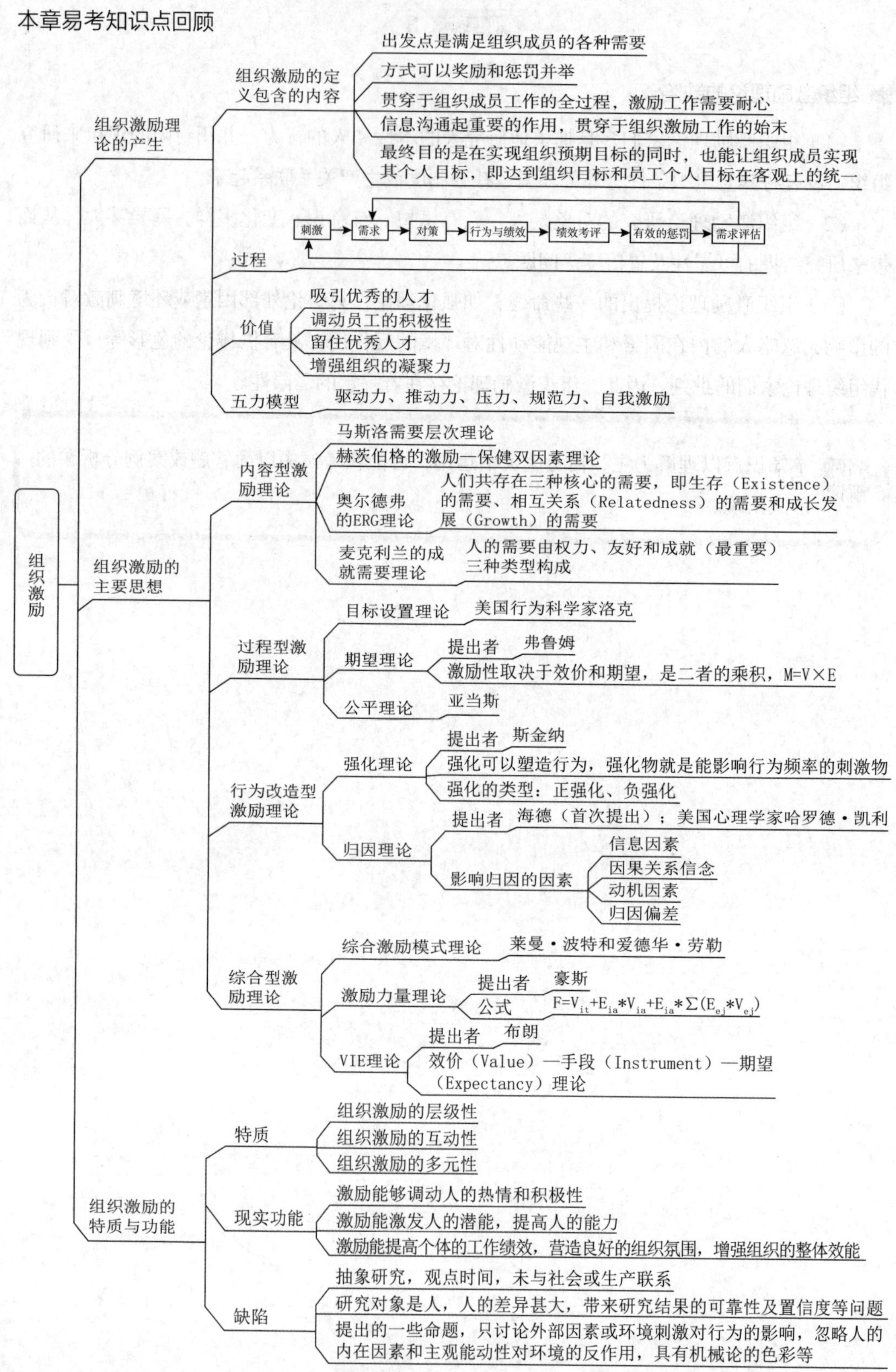

第十一章　创建学习型组织

作为一种区别于传统组织模式的全新组织管理理念，学习型组织已经在如今的社会上引起了广泛的关注。

学习本章内容之后，同学们要了解学习型组织产生的背景和条件，掌握其含义，了解其障碍，理解学习型组织五项修炼的要点，了解创建学习型政府的意义和困境，把握创建学习型政府的途径。

第一节　学习型组织理论的产生

知识点 1

学习型组织的源起☆☆☆

（1）提出者：彼得·圣吉。

（2）产生背景。

①时代背景：传统科层制组织模式逐渐不适应时代发展的步伐。

②物质基础：新技术革命带来了客观环境的巨大飞跃。

③理论基础：相关学科理论萌生了学习型组织理论的胚芽。

④管理理念：从“物本”管理到“人本”管理。

⑤社会风潮：“学习成风”，终身教育、终身学习等观念渐成主流。

⑥人文条件：社会价值观由“物质主义”转变为“后物质主义”。

> **名师解读** 本知识点需考生牢记这六点产生背景，从“时代”“物质”“理论”“管理”“社会”“人文”这六个方面进行理解记忆。
>
> 助记口诀：“时代人物会管理”。
>
> 本知识点的易考题型为选择题、判断题或简答题。

小试牛刀

单选题

“学习型组织”管理理念的提出者是（　　）

A. 杰伊·福里斯特　　B. 彼得·圣吉

C. 大卫·加尔文　　D. 马夸特

答案及解析：B。彼得·圣吉在研究企业管理发展的过程中，汇集其他人的新思想，提出了新的管理理念——“学习型组织”。

知识点 2

学习型组织的定义☆

对于如何准确定义学习型组织，国内外学界并没有统一的说法，但其中一些大同小异的关键点还是有迹可循的。因此，可对学习型组织做以下界定：

学习型组织是一种高度柔性的、有机的、扁平精简的、弹性化且人性化的组织，通过在组织内部形成全员学习的组织文化，充分激发组织成员个体和组织整体的创新性思维和创造性能力，从而全力实现组织的共同愿景，取得可持续的组织发展。

本知识点的易考题型为选择题或判断题，需考生识记学习型组织的定义。

学习型组织与组织学习☆☆

（1）相关概念："组织学习"的概念实际上是从"个体学习"借鉴引申而来的。组织是由个体构成的，个体学习是组织学习重要的前提和基础。组织学习是一个组织成为学习型组织的必要非充分条件。

（2）学习型组织与组织学习的差别如表 11–1 所示。

表 11–1　学习型组织与组织学习的差别

	学习型组织	组织学习
焦点	what（什么） 描述如同一个共同体般学习与生产的组织所具有的系统、规则及特征	how（怎样） 组织建立并且利用知识的技能与过程
侧重点	如何识别、促进和评估组织内的学习过程，推动组织变革，创造和保持竞争优势	集中在对组织内部个人和集体学习的方法分析上，侧重于理解和掌握组织中学习的本质和过程

本知识点的易考题型为选择题、判断题或简答题。

考生需了解组织学习的相关概念，理解学习型组织与组织学习的差别，以及它们之间的关系。

小试牛刀

单选题

马夸特认为，当讨论学习型组织时，焦点在于（　　）

A. what　　B. how

C. why　　D. when

答案及解析：A。马夸特认为：当讨论学习型组织时，焦点在于"what（什么）"：描述如同一个共同体般学习与生产的组织所具有的系统、规则及特征。而组织学习的焦点则在于"how（怎样）"：组织建立并且利用知识的技能与过程。

知识点 4

学习型组织与传统科层制组织☆☆

学习型组织与科层制组织的区别如表 11–2 所示。

表 11–2　学习型组织与科层制组织的区别

组织类型 主要选项	学习型组织	科层制组织
组织核心	共同愿景	共同目标
成功标准	持续经营或发展	最大利润或效率
竞争优势	学习能力	组织效率
决策重心	下移	偏上
组织层级	较少	较多
组织制度	柔性（灵活性）	刚性（强制性）
组织结构	扁平团队式	直线职能式
组织关系	平等和谐	等级鲜明
组织界限	渗透式	固定式
管理风格	参与式	专制式
组织文化	开放、合作	服从、竞争
组织成员	多样化	相似性
组织人才观	合作	竞争
组织人数	少	多
组织奖励	团队 + 个人	个人

尽管二者存在着很大的区别，但事实上，“组织学习 90% 是发生在科层制组织内部”。应该说学习型组织只是一种新的管理理念，并非一种全新的组织类型或组织形态，也没有一种与之完全相匹配的全新的最佳组织结构。科层制组织可以通过管理理念的改变来达到组织学习的效果，进而向学习型组织模式改进。学习型组织远非不可想象、不可捉摸的抽象的空中楼阁，它的基点依然是科层制。

本知识点易的考题型为选择题、判断题或简答题。

考生需理解学习型组织与传统科层制组织之间的区别和关系。

可与上一知识点结合进行理解。

小试牛刀

单选题

学习型组织的基点是（　　）

A. 科层制　　　　　　　　　　B. 网络制

C. 人本主义制　　　　　　　　D. 协同政府制

答案及解析：A。科层制组织可以通过管理理念的改变来达到组织学习的效果，进而向学习型组织模式改进。学习型组织远非不可想象、不可捉摸的抽象的空中楼阁，它的基点依然是科层制。

第二节　学习型组织的建立与发展

知识点 1

组织的学习智障☆☆

（1）局限思考。

（2）归罪于外。

（3）缺乏整体思考的主动积极性。

（4）专注于个别事件。

（5）习而不察。

（6）完全凭经验学习。

（7）团队的迷思。

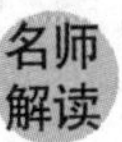

名师解读　本知识点的易考题型为选择题或简答题。
考生需理解组织的学习智障的主要表现。

知识点 2

第一项修炼——自我超越☆☆

（1）概念：自我超越的修炼是学习型组织的精神基础。自我超越是一项关注个人成长的修炼，它是指突破个人能力极限的自我实现，或技巧的娴熟。追求自我超越，是学习不断理清并加深个人的真正愿望，集中精力，培养耐心，并客观地观察现实；是鼓励人们做事要精益求精，努力实现心灵深处的愿望。

（2）修炼方法。

①建立个人愿景。

②保持创造性张力（创造性张力是自我超越修炼的中心原则）。

③看清结构性冲突。

④诚实地面对真相。

⑤运用潜意识。

名师解读 本知识点需考生识记自我超越的概念，理解自我超越修炼的方法。本知识点的易考题型为选择题或简答题。

小试牛刀

单选题

建立与发展学习型组织的第一项修炼是（　　）

A. 改善心智模式　　B. 共同愿景

C. 自我超越　　D. 系统思考

答案及解析：C。自我超越是建立与发展学习型组织的第一项修炼。自我超越的修炼是学习型组织的精神基础。

知识点 3

第二项修炼——改善心智模式☆☆

（1）概念：心智模式是根深蒂固于人们心中，影响人们如何认识周围世界以及如何采取行动的许多假设、陈见和印象。

（2）特点。

①根深蒂固。

②影响认知和行为。

③每个人的心智模式都必定有欠缺之处。

（3）改善心智模式的修炼方法。

①辨认跳跃式的推论。

②练习左手栏。

③兼顾探询与辩护。

④对比拥护的理论与使用的理论。

本知识点需考生识记心智模式的概念和特点，理解改善心智模式修炼的方法。本知识点的易考题型为选择题和简答题。

小试牛刀

多选题

心智模式的特点包括（　　）

A. 易于改变　　B. 根深蒂固

C. 不能支配行为　　D. 影响认知和行为

E. 每个人的心智模式都必定有欠缺之处

答案及解析：BDE。心智模式是根深蒂固于人们心中，影响人们如何认识周围世界以及如何采取行动的许多假设、陈见和印象。心智模式的特点主要有三个：（1）根深蒂固；（2）影响认知和行为；（3）每个人的心智模式都必定有欠缺之处。

第三项修炼——共同愿景☆☆

（1）概念：共同愿景是组织中大家共同持有的意象或景象。

（2）建立共同愿景的修炼，包括以下内容。

①鼓励建立个人愿景。

②在组织内塑造整体图像。

③融入企业理念。

④学习双向沟通技术。

⑤忠于事实。

本知识点需考生识记共同愿景的概念，理解建立共同愿景修炼的方法。

本知识点的易考题型为选择题和简答题。

知识点 5

第四项修炼——团队学习☆☆

（1）概念：团队学习是发展组织成员整体搭配与实现共同目标能力的过程。它是学习型组织最基本的学习形式。

（2）团队学习的修炼要学会运用以下两种方式。

①深度会谈。

②讨论。

名师解读 本知识点需考生识记团队学习的概念，理解团队学习修炼的方法。
本知识点的易考题型为选择题。

知识点 6

第五项修炼——系统思考☆☆

（1）系统思考：要求人们运用系统的观点看待组织的发展。它引导人们，从看局部到纵观整体，从看事件的表面到洞察其变化背后的结构，以及从静态的分析到认识各种因素的相互影响，进而寻找一种动态的平衡。系统思考是五项修炼的核心和基石，它提供了一种完善的思维方式。

（2）系统思考的法则。

①今日的问题来自昨日的解。

②越用力推则系统反弹力越大。

③恶化之前常先好转。

④显而易见的解往往无效。

⑤权宜之计的对策可能比问题更糟。

⑥欲速则不达。

⑦因与果在时空上并不紧密相连。

⑧寻找小而有效的杠杆解。

⑨鱼与熊掌可以兼得。

⑩系统具有整体性而不可分割。

⑪不可绝对归罪于外。

（3）系统基模是帮助人们进行系统思考的辅助工具。利用系统基模，人们可以逐渐看清某些事情变化背后因果反馈环路的大概轮廓。

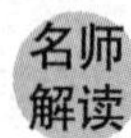
名师解读 本知识点需考生识记系统思考和系统基模的概念，理解系统思考的法则。
本知识点的易考题型为选择题或论述题。

小试牛刀

单选题

五项修炼的核心和基石是（　　）

A. 系统思考　　　　B. 自我超越

C. 改善心智模式　　　　　　　　　　D. 共同愿景

答案及解析：A。彼得·圣吉对于如何创建“学习型组织”，提出了的五项修炼：(1) 自我超越；(2) 改善心智模式；(3) 共同愿景；(4) 团队学习；(5) 系统思考。其中，系统思考是五项修炼的核心和基石，它提供了一种完善的思维方式。

知识点 7

整合五项修炼，创建学习型组织☆☆

(1) 系统思考与其他四项修炼的关系。

①自我超越与系统思考是相辅相成的。

②系统思考对于有效确立和改善心智模式也同样重要。

③如果没有系统思考的配合，建立共同愿景的修炼会缺乏重要的支撑。

④系统思考的观点和工具对团体学习极为重要。

⑤系统思考也需要有自我超越、改善心智模式、共同愿景与团队学习四项修炼来发挥它的潜力。

(2) 五项修炼的整合：系统思考是学习型组织的灵魂，它为个人或组织提供了一个健全的大脑，一种完善的思维方式。改善心智模式和团队学习这两项修炼是基础，自我超越和建立共同愿景这两项修炼形成向上张力，第五项修炼——系统思考是创建学习型组织的核心。

> **名师解读** 本知识点需考生理解系统思考与其他四项修炼的关系，要能够灵活应用五项修炼来构建学习型组织。
>
> 本知识点的易考题型为选择题、论述题或案例分析题。

第三节　创建学习型政府组织

在政府中创建学习型组织的必要性☆☆

(1) 创建学习型组织是政府应对全球化挑战的需要。

(2) 创建学习型组织是增强政府核心竞争力的需要。

(3) 创建学习型组织是政府改革和创新的辅助手段。

(4) 创建学习型组织是提高政府公务员素质的重要途径。

（5）政府创建学习型组织是创建学习型社会的关键所在。

名师解读 本知识点可通过关键词“应对挑战”“增强竞争力”“改革创新”“提高素质”“学习型社会”来进行记忆，考生需理解这五点。

本知识点的易考题型为判断题或简答题。

知识点 2

在政府中创建学习型组织的障碍与难点☆☆

1. 政府组织中的体制性障碍

（1）政府组织的体制性障碍是创建学习型组织的瓶颈。

（2）政府的强政治性也会阻碍学习型组织的创建。

2. 政府组织成员的“自利经济人”倾向

公共选择理论认为，政府组织有着追求非公共利益的倾向，政府组织成员是具有“自利经济人”倾向的个人，并非是完全为公众服务、只讲奉献不讲索取的“公共人”，他们都拥有价值偏好和私利。

3. 政府组织中的“官僚文化”

（1）任何学习与变革都意味着发现和提出问题，而上级往往是不太喜欢问题的，因为问题似乎说明他们没有将事情领导好，因而下级都惧怕提出问题，哪怕是人人皆知的问题。

（2）政府内部所奉行的墨守成规和循规蹈矩也抑制了组织中创新和学习的原动力。

4. 政府组织中的技术障碍

技术障碍主要体现在电子政务建设的不完善性上和应用的滞后性上。

名师解读 本知识点可从“体制性障碍”“自利经济人”“官僚文化”“技术障碍”这四个方面来理解在政府中创建学习型组织的障碍与难点。

助记口诀：“官僚体制，技术经济”。

本知识点的易考题型为判断题或简答题。

小试牛刀

解答题

简述在政府中创建学习型组织的障碍与难点。

答案：（1）政府组织中的体制性障碍。

（2）政府组织成员的“自利经济人”倾向。

（3）政府组织中的“官僚文化”。

（4）政府组织中的技术障碍。

创建学习型政府组织的措施☆☆

（1）改善政府心智模式，为创建学习型组织打造坚实基础。

（2）激励政府组织成员自我超越，形成创建学习型组织的向上张力。

（3）创建共同愿景，在政府组织成员中树立全局观念和打造团队精神。

（4）建立良好的组织学习机制，促进政府组织的团队学习。

（5）建立和完善政府学习机制的相关配套机制。

（6）合理运用信息技术，加强电子政府的建设，开展电子学习。

名师解读 本知识点需考生理解学习型政府组织该如何创建，并能够灵活地与中国国情结合起来进行应用。

本知识点的易考题型为判断题、论述题或案例分析题。

本章易考知识点回顾

- 创建学习型组织
  - 学习型组织理论的产生
    - 提出者：彼得·圣吉
    - 产生背景
      - 时代背景：传统科层制组织模式逐渐不适应时代发展的步伐
      - 物质基础：新技术革命带来了客观环境的巨大飞跃
      - 理论基础：相关学科理论萌生了学习型组织理论的胚芽
      - 管理理念：从“物本”管理到“人本”管理
      - 社会风潮：“学习成风”，终身教育、终身学习等观念渐成主流
      - 人文条件：社会价值观由“物质主义”转变为“后物质主义”
    - 学习型组织与组织学习的差别
    - 学习型组织与科层制组织的区别
  - 学习型组织的建立与发展
    - 组织的学习智障
      - 局限思考
      - 归罪于外
      - 缺乏整体思考的主动积极性
      - 专注于个别事件
      - 习而不察
      - 完全凭经验学习
      - 团队的迷思
    - 五项修炼
      - 第一项修炼——自我超越
      - 第二项修炼——改善心智模式
      - 第三项修炼——共同愿景
      - 第四项修炼——团队学习
      - 第五项修炼——系统思考
    - 系统思考与其他四项修炼的关系
      - 自我超越与系统思考是相辅相成的
      - 系统思考对于有效确立和改善心智模式也同样重要
      - 如果没有系统思考的配合，建立共同愿景的修炼会缺乏重要的支撑
      - 系统思考的观点和工具对团体学习极为重要
      - 系统思考也需要有自我超越、改善心智模式、共同愿景与团队学习四项修炼来发挥它的潜力
    - 五项修炼的整合：改善心智模式和团队学习这两项修炼是基础，自我超越和建立共同愿景这两项修炼形成向上张力，第五项修炼——系统思考是创建学习型组织的核心
  - 创建学习型政府组织
    - 在政府中创建学习型组织的必要性
      - 政府应对全球化挑战的需要
      - 增强政府核心竞争力的需要
      - 政府改革和创新的辅助手段
      - 提高政府公务员素质的重要途径
      - 创建学习型社会的关键所在
    - 障碍与难点
      - 政府组织中的体制性障碍
      - 政府组织成员的“自利经济人”倾向
      - 政府组织中的“官僚文化”
      - 政府组织中的技术障碍
    - 创建学习型政府组织的措施

第十二章　政府流程再造

随着全球经济迅速发展，发达国家从工业社会向后工业社会转型，以英美为代表的西方国家相继掀起了行政改革浪潮。

通过本章内容的学习，同学们要理解政府流程再造的内涵，了解政府流程再造的产生背景、特点和意义，重点掌握政府流程再造的实施步骤，理解政府流程再造与电子政务的关系，了解我国政府流程再造的进展情况，掌握政府流程再造面临的挑战与问题。

第一节　政府流程再造概述

知识点 1

▶ 政府流程再造的起源☆

（1）基本思想来源：20 世纪 90 年代迈克尔·哈默和詹姆斯·钱皮提出的“业务流程再造”理论。

（2）基本理念：以业务流程为关注对象，并根据政府管理流程的特点进行具体的应用。

（3）相关概念：业务流程再造是指对企业的业务流程作根本性的思考和彻底重建，其目的是在成本、质量、服务和速度等方面取得显著性的改善，使得企业能最大限度地适应以顾客、竞争、变化为特征的现代企业经营环境。

（4）政府流程再造的目标：通过对政府流程的梳理和重组，以显著提高政府组织绩效。

名师解读　本知识点需考生理解业务流程再造的概念，了解政府流程再造的起源。本知识点不是常见考点，可不做重点掌握。

知识点 2

▶ 政府流程再造的内涵☆☆

（1）以公众为出发点。

（2）以流程为中心。

（3）以“服务链”为纽带。

（4）以“扁平化”组织模式为目标。

“扁平化”组织模式的特点如下。

①扁平化。

②弹性化。

③开放性。

④动态适应性。

名师解读　本知识点需考生理解政府流程再造的内涵，识记“扁平化”组织模式的特点。本知识点的常考题型为选择题或简答题。

小试牛刀

单选题

政府流程再造的中心是（　　）

A. 公众　　B. 流程

C.“服务链”　　D.“扁平化”组织模式

答案及解析：B。政府流程再造的基本内涵：（1）出发点——公众；（2）中心——流程；（3）纽带——“服务链”；（4）目标——“扁平化”组织模式。

政府流程再造的产生背景☆☆

（1）官僚制弊病日益突出。

（2）信息技术的发展与进步所带来的影响。

（3）世界范围内政府改革浪潮方兴未艾。

（4）企业管理理论和实践的发展。

政府流程再造产生的背景，需要考生能够在理解的基础上灵活应用。

本知识点的易考题型为简答题和案例分析题。

政府流程再造的特点☆☆

（1）政府流程再造是多向互动的系统工程。

（2）政府流程再造强调政府绩效和服务质量的显著提高。

（3）政府流程再造强调对现代网络信息技术的应用。

本知识点需考生理解，易考题型为判断题或简答题。

第二节　政府流程再造的组织与实施

知识点 1

政府流程再造的过程☆☆

1. 准备阶段

首先是要明确政府流程再造的目的和范围，这是政府流程再造的准备阶段，也是流程再造成功的基础环节。根据我国政府工作的特点，目前比较适宜进行流程再造的业务主要包括以下几个方面。

（1）公共服务产品的交付。

（2）项目批复。

（3）信息的查询和交付。

（4）执照和许可证的获取。

（5）投诉管理。

（6）合同管理。

（7）企业和个人的能力与信用认可。

（8）公共安全应急指挥系统。

（9）刑事和审判管理。

（10）空间地理信息共享。

2. 项目启动与计划阶段

（1）成立业务流程再造小组。

（2）制订流程再造实施计划。

（3）就公众对本部门所提供公共服务的需求进行分析。

（4）设置政府流程再造的绩效目标。

3. 分析诊断阶段

（1）对现有流程的描述。

①提出业务流程清单。

②对流程要素的描述。

③绘制流程图。

（2）对现有流程存在的问题进行分析和诊断。

4. 新的政府业务流程设计阶段

（1）分析并定义新流程的初步方案。

（2）建立新流程的原型和设计方案。

（3）设计人力资源。

（4）信息系统的分析和设计。

5. 流程再造实施阶段

（1）重组组织结构及其运行机制。

（2）信息系统的实施。

（3）培训员工。

（4）新旧流程切换。

6. 对流程再造结果的检测评估阶段

组织的业务流程再造实施后，要评价再造成功与否，一方面，可以从直观感受方面直接获得结果，另一方面，要着力于对流程输出各项指标的评估，如流程持续时间、顾客投诉率、业务一次性办结率、顾客与工作人员的接触点等。

本知识点需考生理解，并且要结合实际将这些步骤灵活应用，熟记政府流程再造的六个阶段。本知识点的易考题型为选择题、简答题或案例分析题。

小试牛刀

单选题

政府流程再造分析诊断阶段，对现有流程的描述步骤不包括（　　）

A. 制订流程再造实施计划　　B. 提出业务流程清单

C. 对流程要素的描述　　D. 绘制流程图

答案及解析：A。政府流程再造分析诊断阶段，对现有流程的描述步骤为：（1）提出业务流程清单；（2）对流程要素的描述；（3）绘制流程图。

政府流程再造的目标价值分析☆☆

（1）政府流程再造是实现政府职能转变的需要。

（2）政府流程再造是推动政府机构改革的需要。

（3）政府流程再造是提高行政绩效、降低行政成本的需要。

（4）政府流程再造是推进电子政务建设的需要。

> **名师解读** 本知识点需考生理解，可从“职能转变”“机构改革”“提绩效、降成本”“电子建设”这四个方面记忆。
>
> 本知识点的易考题型为判断题或简答题。

知识点 3

▶ 政府流程再造与电子政务之间的关系☆☆

（1）政府流程再造是电子政务的逻辑前提。

（2）电子政务的发展是影响政府流程再造的重要因素。

> **名师解读** 本知识点需考生理解电子政务和政府流程再造之间的关系以及相互影响，易考题型为判断题或案例分析题。

第三节　中国政府流程再造的实践

▶ 中国政府流程再造的实践进展☆☆

1. 初始阶段：效率政府建设时期

这一阶段的特征是单一部门内部的流程调整，主要体现在某些政府流程的精简或者取消。

2. 深化阶段：整体性政府建设时期

这一阶段的特征是跨部门的流程优化，在跨部门、跨层级的大范围内实现政府信息、资源共享和协同办公。

（1）一站式服务：我国的一站式服务中心是将多个部门服务窗口统一安排在一个政务大厅里，民众只用一次就能把所有手续全部办理完成。

（2）行政审批改革：将办证、登记、挂号、过户、结算、报批项目、资质认定等具体事项整合到行政服务大厅中，形成比较完整、成熟的制度规范和运行体系，争取让民众最多跑一次就可以办理相关事项。

3. 突破阶段：智慧政府建设时期

智慧政府就是指在大数据和人工智能技术的支持下，建立智慧数据平台整合和共享信息，建立一个以数据为核心，“政府—市场—社会”多元协作共治的治理格局。

名师解读

本知识点需考生识记“一站式服务”和“行政审批制度改革”的内容。理解中国政府流程再造的实践进展，从初始、深化和突破三个阶段来进行记忆，并灵活应用在实际案例分析中。

本知识点的易考题型为判断题、简答题或案例分析题。

小试牛刀

单选题

我国政府流程再造的改革实践初始阶段指的是（　　）

A. 整体性政府建设时期　　B. 效率政府建设时期

C. 分化型政府建设时期　　D. 智慧政府建设时期

答案及解析：B。我国政府流程再造的改革实践阶段包括三个阶段。（1）初始阶段：效率政府建设时期。（2）深化阶段：整体性政府建设时期。（3）突破阶段：智慧政府建设时期。

知识点 2

中国政府流程再造面临的挑战与问题☆☆

（1）地方政府流程再造动力失衡。

（2）政府系统复杂，职能部门间存在目标差异。

（3）信息技术改造与行政体制存在脱节。

（4）绩效评估制度不完善，人为割裂流程。

名师解读

本知识点需考生理解，要能够结合实际分析中国政府流程再造面临的挑战与问题，灵活应用。

本知识点的易考题型为选择题、简答题或案例分析题。

本章易考知识点回顾

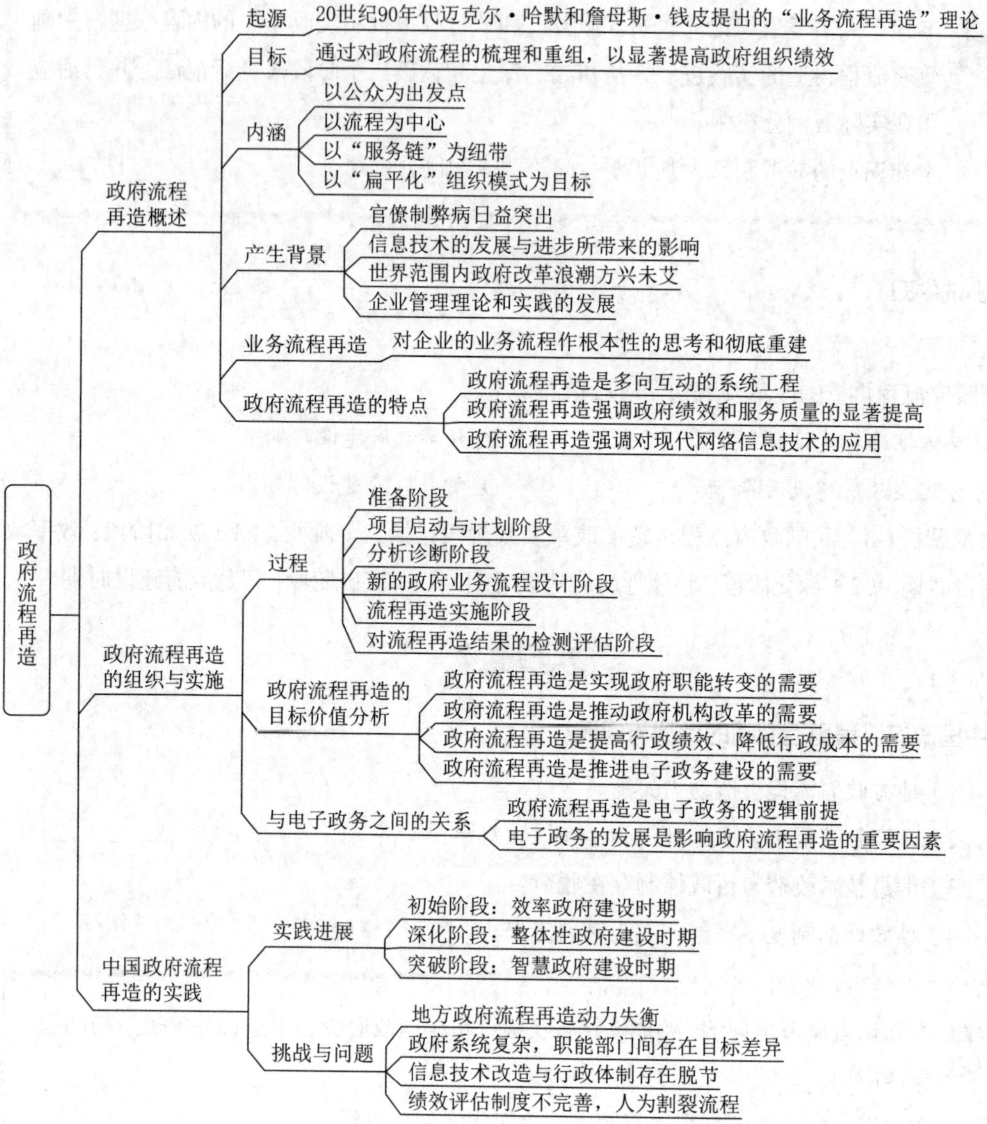

- 政府流程再造
  - 政府流程再造概述
    - 起源：20世纪90年代迈克尔·哈默和詹姆斯·钱皮提出的“业务流程再造”理论
    - 目标：通过对政府流程的梳理和重组，以显著提高政府组织绩效
    - 内涵
      - 以公众为出发点
      - 以流程为中心
      - 以“服务链”为纽带
      - 以“扁平化”组织模式为目标
    - 产生背景
      - 官僚制弊病日益突出
      - 信息技术的发展与进步所带来的影响
      - 世界范围内政府改革浪潮方兴未艾
      - 企业管理理论和实践的发展
    - 业务流程再造：对企业的业务流程作根本性的思考和彻底重建
    - 政府流程再造的特点
      - 政府流程再造是多向互动的系统工程
      - 政府流程再造强调政府绩效和服务质量的显著提高
      - 政府流程再造强调对现代网络信息技术的应用
  - 政府流程再造的组织与实施
    - 过程
      - 准备阶段
      - 项目启动与计划阶段
      - 分析诊断阶段
      - 新的政府业务流程设计阶段
      - 流程再造实施阶段
      - 对流程再造结果的检测评估阶段
    - 政府流程再造的目标价值分析
      - 政府流程再造是实现政府职能转变的需要
      - 政府流程再造是推动政府机构改革的需要
      - 政府流程再造是提高行政绩效、降低行政成本的需要
      - 政府流程再造是推进电子政务建设的需要
    - 与电子政务之间的关系
      - 政府流程再造是电子政务的逻辑前提
      - 电子政务的发展是影响政府流程再造的重要因素
  - 中国政府流程再造的实践
    - 实践进展
      - 初始阶段：效率政府建设时期
      - 深化阶段：整体性政府建设时期
      - 突破阶段：智慧政府建设时期
    - 挑战与问题
      - 地方政府流程再造动力失衡
      - 政府系统复杂，职能部门间存在目标差异
      - 信息技术改造与行政体制存在脱节
      - 绩效评估制度不完善，人为割裂流程

第十三章　行政组织改革

通过学习本章内容，同学们要明确当代中外行政组织改革的背景以及相关内容，掌握美国、日本、英国等国外行政组织改革的主要方向与特征，以便更好地为我国行政组织改革服务。

英国行政组织改革的主要内容、美国行政组织改革的主要内容、日本行政组织改革的主要内容为本章的重点内容，同学们在学习过程中需注意识记。

第一节　当代美国行政组织的改革

知识点 1

美国行政组织改革的背景☆

（1）从第二次世界大战后到20世纪70年代末，美国政府行政职能的扩张引起公众的不满。

（2）美国政府规制过多过滥，抑制了组织及其工作人员的积极性和创造性。

（3）信息技术的发展为行政组织的变革创造了有利条件。

（4）国际环境的变化也促使美国行政组织出现了一些新变化。

名师解读　美国行政组织改革的背景如下所述。

（1）从第二次世界大战后到20世纪70年代末，美国政府行政职能的扩张引起公众的不满（因美国政府职能的膨胀，增加了人民经济上的负担，从而引发了人民的不满）。

（2）美国政府规制过多过滥，抑制了组织及其工作人员的积极性和创造性（美国政府在规章制度上设置了许多条条框框来约束工作人员，因此也抑制了他们在工作上的积极性和创造性）。

（3）信息技术的发展为行政组织的变革创造了有利条件（信息技术促进了美国行政组织的变革）。

（4）国际环境的变化也促使美国行政组织出现了一些新变化。

知识点 2

美国行政组织改革的主要内容☆☆☆

1. 政府职能市场化

（1）公共服务民营化。

（2）政府业务合同化。

2. 放松规制

（1）消减陈旧规制。

（2）改革预算制度。

（3）简化政府采购方式。

（4）改革人事制度。

3. 放权与分权并行

（1）授权于州与地方政府。

（2）分权给下级行政组织和部门主管人员，让其有聘雇人员、核定薪资的权力，以调动其积极性，强化激励。

4. 精简机构

（1）合并机构、精简人员，减少财政支出。

（2）设立创新基金。

（3）建立电子政府。

美国行政组织改革的主要内容如下所述。

（1）政府职能市场化，将原属于政府的一部分职能交给社会组织去管理。

（2）放松规制。

（3）放权（把中央的权力下放到地方）与分权（分权给下级行政组织和部门主管人员）。

（4）精简机构：合并机构、精简人员，减少财政支出；设立创新基金，创新基金的来源有政府的财政拨款、接受社会捐款；建立电子政府。

真题小练

文字题

（2017 年 4 月 全国）简述当代美国行政组织改革的主要内容。

答案：

当代美国行政组织改革的主要内容如下所述。

（1）政府职能市场化。

（2）放松规制。

（3）放权与分权并行。

（4）精简机构。

小试牛刀

多选题

当代美国创新基金的来源有（　　）

A. 特别税收　　　　B. 对大财团利润的强制划拨

C. 政府的财政拨款　　　　D. 非政府组织交纳的税费

E. 接收社会捐款

答案及解析：CE。创新基金由政府财政拨款，也可接收社会捐款。

知识点 3

对美国行政组织改革的简单评述☆☆☆

（1）美国行政组织改革以放松规制为其突出特点，但放松规制的改革也受到了来自国会、政府内部规制管理爱好者的阻力。

（2）放松规制的改革为私营部门的管理理念的导入提供了空间，如成本与效益、竞争、顾客至上等意识。

（3）美国放松规制的改革适应了信息时代政府管理的需求，也是解决规制过多过滥的问题的必然选择。

（4）美国放松规制的改革，并不是放松或废除所有的规制。

名师解读 对美国行政组织改革的简单评述。

（1）美国行政组织改革以放松规制为其突出特点，但放松规制的改革也受到了来自国会、政府内部规制管理爱好者的阻力（放松规制是把双刃剑，其弊端在于放松规制的同时也放松了政府的自我控制）。

（2）放松规制的改革为私营部门的管理理念的导入提供了空间，如成本与效益、竞争、顾客至上等意识（把市场管理的理念引入政府）。

（3）美国放松规制的改革适应了信息时代政府管理的需求，也是解决规制过多过滥的问题的必然选择。

（4）美国放松的只是那些对社会经济领域和行政组织自我管理的过细过滥的规制，而不是所有的规制。

小试牛刀

单选题

1. 在 20 世纪 70 年代以来的行政改革浪潮中，美国改革的最大特点是（　　）

A. 市场化改革　　B. 参与式改革

C. 弹性化改革　　D. 放松规制

答案及解析：D。美国行政组织改革以放松规制为其突出特点，但放松规制的改革也受到了来自国会、政府内部规制管理爱好者的阻力。

文字题

2. 放松规制是美国当代行政组织改革的重要特点，对其进行评述。

答案：

（1）美国行政组织改革以放松规制为其突出特点，但放松规制的改革也受到了来自国会、政府内部规制管理爱好者的阻力。

（2）放松规制的改革为私营部门的管理理念的导入提供了空间，如成本与效益、竞争、顾客至上等意识。

（3）美国放松规制的改革适应了信息时代政府管理的需求，也是解决规制过多过滥的问题的必然选择。

（4）美国放松规制的改革，并不是放松或废除所有的规制。

第二节　当代英国行政组织的改革

英国行政组织改革的背景☆

1. 撒切尔夫人的“竞争性政府”改革

英国当代行政组织的改革主要从 1979 年撒切尔夫人执政时开始。

2. 布莱尔“合作型政府”改革

布莱尔“合作型政府”改革如下所述。

（1）政策制定。

（2）公共服务的回应性，即与公民需求的高度衔接。

（3）公共服务提供的效率和质量。

（4）信息时代的政府，即大力发展电子政务。

（5）公务员制度改革。

3. 卡梅伦的“开放公共服务”改革

具体做法如下。

（1）去中心化。

（2）分权治理。

（3）强化问责。

英国行政组织改革的背景（英国被认为是当代行政改革的先驱）。

（1）撒切尔夫人“竞争性”改革（撒切尔夫人 1979 年执政）。

改革的主要方向是公共服务的市场化。借助私营部门的管理方法来改革政府公共部门。

名师解读

（2）布莱尔的“合作型政府（政府和公民合作）”改革的目标。

①确保政策制定的高度协调和具有战略性。

②以公共服务的使用者为中心，确保公共服务更符合人民的需要。

③确保公共服务提供的高效率和高质量。

（3）卡梅伦的“开放公共服务”改革。

①卡梅伦政府于2011年颁布《开放公共服务白皮书》。

②理论：“大社会，小政府”。

真题小练

单选题

（2017年10月 全国）英国撒切尔夫人执政时政府改革的核心方向是（　　）

A. 放松规制　　B. 地方分权

C. 中央集权　　D. 市场取向

答案及解析：D。撒切尔政府改革主要是借助私营部门的管理方法来改革政府公共部门，它以提高政府管理效率、转变政府职能为目标，以引进市场机制和竞争为手段，目的是打造一个“竞争性政府”。改革的主要方向是公共服务的市场化。所以英国撒切尔夫人执政时政府改革的核心方向是市场取向。

小试牛刀

多选题

布莱尔的“合作型政府”改革的领域包括（　　）

A. 政策制定　　B. 公共服务

C. 绩效评估　　D. 电子政务

E. 公务员制度改革

答案及解析：ABDE。布莱尔的“合作型政府”改革的领域包括：政策制定；公共服务的回应性，即与公民需求的高度衔接；公共服务提供的效率和质量；信息时代的政府，即大力发展电子政务；公务员制度改革。

知识点 2

英国行政组织改革的主要内容☆

（1）重新界定和优化行政组织职能，将部分职能市场化。

（2）以加强中央宏观调控权为宗旨，调整中央与地方行政组织之间的关系。

（3）以效率为中心，改革行政组织的内部管理体制。

（4）重视信息技术对行政改革的支持。

（5）改革人事制度。

（6）增强政府的回应性，优化公共服务。

本知识点不属于常考知识点，同学们理解即可。

英国行政组织改革的特点☆☆☆

（1）英国行政组织改革非常注重学习私营企业的管理经验。

（2）英国的行政组织改革注重循序渐进。

（3）改革方案具有很强的针对性和操作性。

对英国行政组织改革的简单评述。

（1）英国是推行市场化改革最早的国家。英国行政组织改革强调行政组织内部要以效率为中心，强调中央的宏观调控与控制。

（2）英国行政组织改革非常注重学习私营企业的管理经验（英国学习的是市场化的体制，把市场化引入行政组织内部）。

（3）英国的行政组织改革注重循序渐进（一个方案成熟稳定后，才会实行下一个方案）。

（4）改革方案具有很强的针对性和操作性。

真题小练

文字题

（2014 年 10 月 全国）简要评述当代英国行政组织的变革。

答案：

（1）英国行政组织改革非常注重学习私营企业的管理经验。

（2）英国的行政组织改革注重循序渐进。

（3）改革方案具有很强的针对性和操作性。

小试牛刀

单选题

推行市场化行政改革最早的国家是（　　）

A. 德国　　　　B. 日本

C. 美国　　　　D. 英国

答案及解析：D。英国是推行市场化行政改革最早的国家，可以说，它是当代西方行政改革的先驱。

第三节　当代日本行政组织的改革

知识点 1

日本行政组织改革的背景☆

（1）过度的规制抑制了民间的创新和活力。

（2）随着经济增长速度的减慢，日本出现了持续的财政困难和财政赤字。

（3）中央政府对地方政府干预较大，限制了地方自治和市民自治的健康发展。

（4）国际环境的变化对政府提出了挑战。

（5）社会问题的日趋繁多和严重，使日本政府面临着新的难题。

名师解读　本知识点不属于常考知识点，同学们理解即可。

知识点 2

日本行政组织改革的主要内容☆☆☆

（1）放松国家规制，调整官民关系，缩减政府职能及机构。

（2）推动地方分权，重新调整中央与地方的关系。

（3）建立防止行政机构膨胀的机制。

（4）建立公务员交流制度，纠正条条行政的弊端。

日本行政组织改革的主要内容如下所述。

（1）放松国家规制，调整官民关系，缩减政府职能及机构（政府管理的事务过于繁杂。日本的自由化改革是由 1981 年成立的第二次临时行政调查会提出的）。

（2）推动地方分权，重新调整中央与地方的关系（过去中央的权力过大，管理的过多，现在要分权给地方，加大地方的权力）。

（3）建立防止行政机构膨胀的机制（"加一减一"原则，即新设一个组织就必须废除一个现存的同等组织）。

（4）建立公务员交流制度，纠正条条行政的弊端（地方与中央之间的官员要多交流，消除各部门之间的利益观念，才能更好地为国家、为人民服务）。

小试牛刀

单选题

日本的自由化改革，提出的时间是（　　）

A. 1981 年　　B. 1986 年

C. 1996 年　　D. 1998 年

答案及解析：A。自由化是由 1981 年成立的第二次临时行政调查会提出的。

知识点 3

日本行政组织改革的特点☆☆

（1）行政组织改革过程中强调民主参与和公开透明。

（2）注重依法改革。

（3）根据形势的发展，积极主动地进行行政改革。

本知识点主要以文字题的形式进行考查，同学们需要注意识记。

真题小练

文字题

（2015 年 10 月 全国）评述日本当代行政改革的主要做法。

答案：

（1）日本行政组织改革的主要内容如下所述。

①放松国家规制，调整官民关系，缩减政府职能及机构。

②推动地方分权，重新调整中央与地方的关系。

③建立防止行政机构膨胀的机制 。

④建立公务员交流制度，纠正条条行政的弊端 。

（2）日本行政组织改革的特点。

①行政组织改革过程中强调民主参与和公开透明。

②注重依法改革。

③根据形势的发展，积极主动地进行行政改革。

第四节　当代中国行政组织的改革

当代中国行政组织改革的背景

（1）社会主义市场经济体制的逐步建立，要求行政组织进行相应的改革。

（2）民主化政治体制的改革为我国行政组织的改革提供了广阔的空间。

（3）传统的行政组织体制，使行政效率低下，导致社会公众不满，为行政组织改革提供了社会动力。

（4）国外行政改革的理论与实践给我国行政组织改革提供了有益的经验和借鉴。

（5）知识经济时代的到来，给我国的行政组织改革带来了机遇和挑战。

当代中国行政组织改革的背景如下所述。

（1）社会主义市场经济体制的逐步建立，要求行政组织进行相应的改革（从原来的计划经济转向了市场经济。市场经济体制的建立是行政组织进行改革最首要、最直接的原因）。

（2）民主化政治体制的改革为我国行政组织的改革提供了广阔的空间。

（3）传统的行政组织体制，使行政效率低下，导致社会公众不满，为行政组织改革提供了社会动力（传统的行政组织存在弊端，所以要进行改革）。

（4）国外行政改革的理论与实践给我国行政组织改革提供了有益的经验和借鉴。

（5）知识经济（以信息、技术和知识为主要特征）时代的到来，给我国的行政组织改革带来了机遇和挑战。

知识点 2

中国行政组织改革的主要内容☆☆☆

1. 理顺行政组织与其他组织的职能关系

（1）理顺行政组织与权力机关的职能关系。

（2）理顺行政组织与执政党的职能关系。

（3）理顺行政组织与企业的职能关系。

（4）理顺行政组织与社会事业单位的职能关系。

（5）理顺行政组织与社会团体组织的职能关系。

2. 理顺行政组织内部的职能关系

（1）理顺纵向的中央政府与地方政府的职能关系。

（2）理顺横向的专业的微观管理部门和综合的宏观管理部门的关系。

（3）理顺横向的决策、执行部门与监督、信息部门之间的关系。

3. 行政组织职能转变

从 1988 年起，我国就提出机构改革要以转变政府职能为中心的新思路。

4. 行政组织机构的改革

（1）1982 年国务院机构改革的主要内容如下所述。

①改革国务院领导体制。

②精简机构。

③精干领导班子。

④废除实际存在的领导干部职务终身制，实行干部退休离休制度。

⑤紧缩编制，轮训干部。

（2）1988 年国务院机构改革的主要内容如下所述。

①转变职能。

②下放权力。

③调整机构。

④精简人员。

⑤搞好配套改革。

（3）1993 年国务院机构改革的指导思想如下所述。

把适应建立社会主义市场经济体制和加快市场经济发展作为机构改革的目标，按照政企分开和精简、统一、效能的原则，要求在转变职能、理顺关系、精兵简政、提高效率方面取得明显进展。

（4）1998 年国务院机构改革的主要内容如下所述。

①精简人员编制 50% 左右。

②强化宏观调控部门。

③精简专业经济管理部门。

④强化社会保障和资源保护部门。

⑤简化了某些文体部门，将国家体委、广播电影电视部降格成国务院直属局。

（5）2003 年的国务院机构改革有六大重点。

①深化国有资产管理体制改革，设立国务院国有资产监督管理委员会。

②完善宏观调控体系，将国家发展计划委员会改组为国家发展和改革委员会。

③健全金融监管体制，设立中国银行业监督管理委员会。

④继续推进流通管理体制改革，组建商务部。

⑤加强食品安全和安全生产监管体制建设，组建国家食品药品监督管理局，将国家安全生产监督管理局改为国务院直属机构。

⑥将国家计划生育委员会更名为国家人口和计划生育委员会。

（6）2008 年的国务院机构改革。

①加强和改善宏观调控，促进科学发展。

②着眼于保障和改善民生，加强社会管理和公共服务。

③按照探索职能有机统一的大部门体制要求，对一些职能相近的部门进行整合，实行综合设置，理顺部门职责关系。

（7）2013 年的国务院机构改革。

①实行铁路政企分开。

②组建国家卫生和计划生育委员会。

③组建国家食品药品监督管理总局。

④组建国家新闻出版广电总局。

⑤重新组建国家海洋局。

⑥重新组建国家能源局。

（8）2018 年国务院机构改革。

此次改革不仅是政府系统，还包括执政党、人大、政协、司法等机构，体现了顶层设计、统筹谋划、系统推进的特征，此次改革调整幅度之大为 40 年之最。

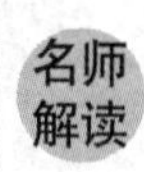

本知识点主要以选择题和文字题的形式考查，同学们需注意识记。

真题小练

单选题

（2014 年 4 月 全国）从 1988 年开始，我国的政府机构改革确立的新思路是（　　）

A. 以经济建设为中心　　B. 以转变政府职能为中心

C. 以制度创新为中心　　D. 以提高行政效率为中心

答案及解析：B。从 1988 年起，我国就提出机构改革要以转变政府职能为中心的新思路。

小试牛刀

文字题

简述中国行政组织改革的主要内容。

答案：（1）理顺行政组织与其他组织的职能关系。

（2）理顺行政组织内部的职能关系。

（3）行政组织职能转变。

（4）行政组织机构的改革。

知识点 3

中国行政组织改革的主要经验☆☆

（1）坚持以适应社会主义市场经济体制为改革的目标，把转变政府职能作为机构改革的关键。

（2）坚持精简、统一、效能的原则，把精兵简政和优化政府组织结构作为机构改革的重要任务。

（3）坚持渐进的、稳妥的改革方针，坚持统一领导，分级负责，分步实施，从实际出发，因地制宜地进行改革。

（4）坚持机构改革与干部人事制度改革相结合，制定配套的政策措施，妥善安排分流人员，优化干部队伍结构。

行政机构是行政职能的载体，行政职能需通过行政机构发挥作用，故行政机构改革强调以转变职能为中心。

小试牛刀

单选题

我国近几次行政机构改革，始终坚持并突出强调的是（　　）

A. 以提高行政人员素质为中心　　B. 以转变行政职能为中心

C. 以减少行政机构数量为重点　　D. 以节省行政成本为目标

答案及解析：B。行政机构改革，提出了以转变职能为中心。它抓住了我国当前政府机构的根本问题。

本章易考知识点回顾

- 当代中外行政组织的改革实践
  - 美国
    - 背景
      - 美国政府行政职能的扩张引起公众的不满
      - 美国政府规制过多过滥
      - 信息技术的发展
      - 国际环境的变化
    - 内容
      - 政府职能市场化
      - 放松规制
      - 放权与分权并行
      - 精简机构
    - 特点
      - 放松规制的改革为私营部门的管理理念的导入提供了空间，如成本与效益、竞争、顾客至上等意识
      - 美国放松规制的改革适应了信息时代政府管理的需求，也是解决规制过多过滥的问题的必然选择
  - 英国
    - 背景
      - 撒切尔夫人的“竞争性政府”改革
      - 布莱尔的“合作型政府”改革
        - 政策制定
        - 公共服务的回应性，与公民需求的高度衔接
        - 公共服务提供的效率和质量
        - 信息时代的政府，即大力发展电子政务
        - 公务员制度改革
      - 卡梅伦的“开放公共服务”改革
    - 内容
      - 重新界定和优化行政组织职能，将部分职能市场化
      - 以加强中央宏观调控权为宗旨，调整中央与地方行政组织之间的关系
      - 以效率为中心，改革行政组织的内部管理体制
      - 重视信息技术对行政改革的支持
      - 改革人事制度
      - 增强政府的回应性，优化公共服务
    - 特点
      - 英国行政组织改革非常注重学习私营企业的管理经验
      - 英国的行政组织改革也注重循序渐进
      - 改革方案具有很强的针对性和操作性
  - 日本
    - 背景
      - 过度的规制抑制了民间的创新和活力
      - 经济增长速度减慢
      - 中央政府对地方政府干预较大
      - 国际环境的变化
      - 社会问题的日趋繁多和严重
    - 内容
      - 放松国家规制，调整官民关系，缩减政府职能及机构
      - 推动地方分权，重新调整中央与地方的关系
      - 建立防止行政机构膨胀的机制
      - 建立公务员交流制度
    - 特点
      - 行政组织改革过程中强调民主参与和公开透明
      - 注重依法改革
      - 根据形势的发展，积极主动地进行行政改革
  - 中国
    - 背景
      - 社会主义市场经济体制的逐步建立，要求行政组织进行相应的改革
      - 民主化政治体制的改革为我国行政组织的改革提供了广阔的空间
      - 传统的行政组织体制，使行政效率低下，导致社会公众不满，为行政组织改革提供了社会动力
      - 国外行政改革的理论与实践给我国行政组织改革提供了有益的经验和借鉴
      - 知识经济时代的到来，给我国的行政组织改革带来了机遇和挑战
    - 内容
      - 理顺行政组织与其他组织的职能关系
      - 理顺行政组织内部的职能关系
      - 行政组织职能转变
      - 行政组织机构的改革
    - 经验
      - 坚持以适应社会主义市场经济体制为改革的目标，把转变政府职能作为机构改革的关键
      - 坚持精简、统一、效能的原则，把精兵简政和优化政府组织结构作为机构改革的重要任务
      - 坚持渐进的、稳妥的改革方针，坚持统一领导，分级负责，分步实施，从实际出发，因地制宜地进行改革
      - 坚持机构改革与干部人事制度改革相结合，制定配套的政策措施，妥善安排分流人员，优化干部队伍结构

模拟卷（一）

（课程代码：00319）

请考生按规定用笔将所有试题的答案涂、写在答题纸上。

注意事项：

1. 答题前，考生务必将自己的考试课程名称、姓名、准考证号用黑色字迹的签字笔或钢笔填写在答题纸规定的位置上。

2. 每小题选出答案后，用2B铅笔把答题纸上对应题目的答案标号涂黑。如需改动，用橡皮擦干净后，再选涂其他答案标号。不能答在试题卷上。

第一部分　选择题

一、单项选择题（本大题共25小题，每小题1分，共25分）

1. 行政组织权威性的突出特征是（　　）

A. 强制服从　　B. 依法行政

C. 民主服从　　D. 自觉实施

2. 决定各个阶级对同一种行政组织有着某些相同的评价的是（　　）

A. 行政组织的阶级性　　B. 行政组织的社会性

C. 行政组织的法治性　　D. 行政组织的政治性

3. 在行政组织的研究方法中，着重从整体和部分、内部和外部之间的相互作用、相互制约的关系中来把握行政组织的整体的是（　　）

A. 系统分析法　　B. 理论联系实际的方法

C. 静态的研究方法　　D. 纵向的研究方法

4. 现在英国形式上的最高行政机关是（　　）

A. 内阁　　B. 枢密院

C. 御前会议　　D. 贤人会议

5. 下列制度中，属于中国元朝时期首创的是（　　）

A. 郡县制度　　B. 行省制度

C. 尚书省制度　　D. 中书省制度

6. 秦汉时期，有“百官之长”之称的是（　　）

A. 太尉　　B. 御史大夫

C. 尚书　　D. 丞相

7. 科层制组织理论的创始人是（　　）

A. 马斯洛　　B. 韦伯　　C. 巴纳德　　D. 梅奥

8. 下列权威中，在现代社会中占主导地位的是（　　）

A. 魅力权威　　B. 传统权威

C. 法理权威　　D. 激励权威

9. 人本主义组织理论的标志是（　　）

A. 注重人际关系　　B. 注重人的发展

C. 注重“社会人”　　D. 注重“经济人”

10. 真正揭开了作为“组织中的人”的行为研究的序幕的是（　　）

A. 照明试验　　B. 霍桑试验

C. 继电器装配工人小组试验　　D. 对接线板接线实验

11. 根据马斯洛的需要层次论，最高层次的需要是（　　）

A. 生理的需要　　B. 安全的需要

C. 尊重的需要　　D. 自我实现的需要

12. 美国教授迈克尔·波特首先提出了竞争战略理论，其理论基础是（　　）

A. 产业的竞争分析　　B. 成本的战略分析

C. 产品的差异分析　　D. 目标的集中点分析

13. 网络有效治理机制的核心是（　　）

A. 社会成员共同参与　　B. 网络组织者共同参与

C. 利益相关者共同参与　　D. 企业成员共同参与

14. 体现行政组织宗旨的是（　　）

A. 内部目标　　B. 战略目标

C. 外部目标　　D. 战术目标

15. 教育行政部门制定的提高适龄儿童入学率的目标属于行政组织的（　　）

A. 纵向目标　　B. 外部目标

C. 社会目标　　D. 内部目标

16. 政府为部分群众提供经济适用房的行为，属于（　　）

A. 社会正义供给制度　　B. 行政组织商业性经营

C. 宏观经济调控　　D. 政府采购

17. 认为目标管理是“一套广泛的管理系统，以系统的方式整合诸多管理的关键活动，有意识地引导组织与个人目标的有效完成”的学者是（　　）

A. 韦里奇　　B. 德鲁克

C. 奥蒂奥纳　　D. 帕森斯

18. 在行政组织微观纵向分工的职责分配关系中，协调指挥层是指（　　）

A. 最高层行政组织　　B. 中层行政组织

C. 基层行政组织　　D. 技术层行政组织

19. 行政组织的横向结构形成职能制，职能制形成（　　）

A. 管理方式
B. 管理层次
C. 管理幅度
D. 管理权限

20. 将权力分配关系制度化，并按此制度所规定的关系运行，这是（　　）

A. 行政组织结构
B. 行政组织体制
C. 行政组织类型
D. 行政组织分工

21. 创立城市行政组织新体制——市经理制的国家是（　　）

A. 英国
B. 美国
C. 法国
D. 日本

22. 行政组织具有不同于各要素机械相加的特性，这体现了行政组织设置的（　　）

A. 整体的原则
B. 开放的原则
C. 系统的原则
D. 权变的原则

23. 在成就需要理论中，最重要的需要指的是（　　）

A. 生存需要
B. 成就需要
C. 友好需要
D. 权力需要

24. 建立与发展学习型组织的第一项修炼是（　　）

A. 改善心智模式
B. 共同愿景
C. 自我超越
D. 系统思考

25. 我国政府流程再造的改革实践初始阶段指的是（　　）

A. 效率政府建设时期
B. 整体性政府建设时期
C. 分化型政府建设时期
D. 智慧政府建设时期

二、多项选择题（本大题共 6 小题，每小题 2 分，共 12 分）

26. 卡梅伦“开放公共服务”改革的具体做法包括（　　）

A. 去中心化
B. 分权治理
C. 强化问责
D. 政策制定
E. 公务员制度改革

27. 组织激励的作用主要有（　　）

A. 吸引优秀的人才
B. 调动员工的积极性
C. 留住优秀人才
D. 增强组织的凝聚力
E. 减少企业资本成本

28. 根据行政组织中掌握最高决策权的人数多寡，行政组织体制可分为（　　）

A. 首长制
B. 委员会制
C. 混合制
D. 分离制

E. 完整制

29. 彼得·德鲁克认为目标管理中的“管理”需要具备的属性包括（　　）

A. 目标认知　　B. 目标策略

C. 目标决策　　D. 资源整合

E. 责任与权力

30. 根据赫茨伯格的双因素理论，在调动员工积极性方面，可以采用的基本做法是（　　）

A. 直接满足　　B. 自我实现的满足

C. 间接满足　　D. 安全的满足

E. 爱和归属的满足

31. 在 1949 年中华人民共和国成立初期，地方行政组织有（　　）

A. 府　　B. 乡

C. 县　　D. 省

E. 大区

第二部分　非选择题

三、简答题（本大题共 5 小题，每小题 5 分，共 25 分）

32. 简述行政组织理论的研究意义。

33. 简述封建制时期英法行政组织的特点。

34. 简述科层制组织的基本特征。

35. 简述人际关系学说的主要观点。

36. 简述组织目标的核心内涵。

四、论述题（本大题共 2 小题，每小题 12 分，共 24 分）

37. 试述网络型组织的特点。

38. 论述学习型组织理论的产生条件。

五、材料分析题（本大题共 1 小题，共 14 分）

39. 某市原主管城市建设的职能部门是城建局。为适应城市建设事业的发展，协调城建局与其他相关职能部门的关系，该市又成立城市建设委员会。后来为加强对城市建设的领导，该市又在市府办下设城市建设科，协助市长协调城建委与城建局的关系。这样，一个城市有三个机构行使城市建设职能，结果是层级增多，职权不清，互相扯皮、推诿，效率低下。最终导致事与愿违，影响了城市建设事业的发展。

（1）请结合行政组织设置原则，分析该市城市建设管理的做法为什么事与愿违？

（2）你认为应如何解决案例中该市机构设置存在的问题？

模拟卷（一）答案及解析

一、单项选择题

1. 答案及解析：A。强制服从是行政组织权威性的突出特征。而依法行政，对其活动承担相应的法律责任，是行政组织从事各项行政活动的一个显著特点。

2. 答案及解析：B。阶级性是行政组织的核心。行政组织的社会性，决定了各个阶级对同一种行政组织有着某些相同的评价。法治性是行政组织权威性的基础。政治性决定了对同一种行政组织现象，各个阶级出于自身利益的不同，会持有不同的看法和评价。

3. 答案及解析：A。系统分析的方法，就是要求从系统论的观点出发，着重从整体和部分、内部和外部之间的相互作用、相互制约的关系中来把握行政组织的整体。理论联系实际的方法，要求任何理论的研究必须从实际出发，实事求是，从大量的客观存在中寻找其自身的规律。静态的研究方法侧重于对行政组织结构、制度、规章和权力分配的研究，因而又被称为结构的研究方法。行政组织理论的研究可以利用纵向与横向相结合的方法。

4. 答案及解析：B。内阁是现代英国实际上的最高行政机关，是英国政府的核心机构。在现代英国，现在的枢密院只是形式上的最高行政机关。14 世纪中叶，英国的御前会议演化为上下两院。早在公元 9—10 世纪，从盎格鲁 - 撒克逊时代起，英国就开始形成了比较固定的行政组织形式：国王和贤人会议两个权力中心。

5. 答案及解析：B。郡县制度——形成于秦朝。行省制度——由元朝首创。尚书省制度——由汉代皇帝的秘书官尚书发展而来。 中书省制度——宋、元由三省向一省过渡，中书省逐渐成为最高的行政机关。

6. 答案及解析：D。秦汉时期，丞相地位最高，为“百官之长”，是辅助皇帝处理全国政务的最高行政长官。太尉总管军事。御史大夫是皇帝的私人秘书，负责监察。汉光武帝以后，削弱相权，三公九卿的地位下降，尚书扮演着越来越重要的角色。

7. 答案及解析：B。本题选项中各个学者及其提出的理论主要是：

（1）马斯洛——需要层次理论。

（2）韦伯——科层制组织理论。

（3）巴纳德——非正式组织理论。

（4）梅奥——人际关系学说。

8. 答案及解析：C。法理权威在现代社会中占主导地位，它是理性的。魅力权威和传统权威主要出现在传统社会中，它们是非理性的。

9. 答案及解析：A。人本主义组织理论以注重人际关系为标志，重点研究非正式组织的作用。梅奥提出的人际关系的观点之一：工人是“社会人”而不是“经济人”。

10. 答案及解析：B。霍桑试验真正揭开了作为“组织中的人”的行为研究的序幕。霍桑试验先后进行了四个阶段的实验——照明试验、继电器装配工人小组试验、大规模访谈和对接线板接线工作室的研究。

11. 答案及解析：D。自我实现的需要是最高层次的需要，也是一种创造的需要，它是指实现个人理想、抱负，发挥个人的能力到最大程度。

12. 答案及解析：A。美国哈佛商学院教授迈克尔·波特于1980年首先提出了竞争战略理论。波特的理论是以产业的竞争分析为基础的。

13. 答案及解析：C。利益相关者共同参与是网络有效治理机制的核心。

14. 答案及解析：C。内部目标是实现外部目标的依托。战略目标的实施需要投入大量的人力、物力，是一个长期的过程。外部目标是行政组织的宗旨和合法性所在。战术目标是行政组织在短时期内所要达到的一种状态，它具有较强的确定性与量化特性，需要投入的资源不多。

15. 答案及解析：A。纵向目标体现了行政组织目标标准的提高和绩效的改善，是促进行政组织发展的基础。如教育行政部门制定的提高适龄儿童入学率，改善校舍安全状况，提高学生的身体与文化素质等目标。

16. 答案及解析：A。社会正义供给制度的内容是为社会个体享有基本的生存权利提供制度保障，确保人的基本尊严与社会归属，向处于最不利地位的个体提供帮助、改善他们的福利。具体而言，包括下列服务：医疗保障服务、养老保险服务、各类社会救济服务、中低收入阶层住房服务（例如提供经济适用房）、残疾人等弱势群体救助、贫困家庭援助服务等。

17. 答案及解析：A。海因茨·韦里奇：认为目标管理是“一套广泛的管理系统，以系统的方式整合诸多管理的关键活动，有意识地引导组织与个人目标的有效完成”。彼得·德鲁克：认为目标管理是“目标”与“管理”的结合。乔治·奥蒂奥纳：认为目标管理是一种程序性活动。选项D为无关干扰项。

18. 答案及解析：B。行政组织微观纵向分工的职责分配关系如下。

（1）最高层次的行政组织为决策层。

（2）中层行政组织为协调指挥层。

（3）基层行政组织为技术操作层。

19. 答案及解析：C。行政组织结构有纵向结构和横向结构，纵向结构形成行政组织的层级制，横向结构形成行政组织的职能制。层级制形成管理层次；职能制形成管理幅度。

20. 答案及解析：B。行政组织结构是指行政组织各种要素的一种特定安排，即行政组织各要素的排列组合方式。将多种权力关系制度化，并按此制度所规定的关系运行，就是行政组织体制。

21. 答案及解析：B。市经理制产生于美国，又称委员会—经理制，是指城市的立法权由民选的市委员会或市议会所掌握，再由市委员会或议会聘任一名市经理执掌行政权的行政组织体制。

22. 答案及解析：A。系统权变理论时期的行政组织设置原则：系统的原则、整体的原则、开放的原则、封闭回路的原则和权变的原则。

（1）系统的原则：行政组织是一个系统，其内部是由许多子系统构成的。

（2）整体的原则：行政组织作为一个整体，具有不同于各要素机械相加的特性。

（3）开放的原则：行政组织系统要存在与发展，必须与环境实现信息和能量的互换。

（4）封闭回路的原则：行政组织系统信息的输入、处理、输出与反馈要形成一个完整的封闭回路，各环节相互联系，缺一不可。

（5）权变的原则：当行政组织系统的外部或内部环境发生改变时，其组织原则与管理方法必须随之调整。

23. 答案及解析：B。成就需要理论包括三种需要：成就需要、权力需要和友好需要。其中，成就需要是最重要的需要。

24. 答案及解析：C。彼得·圣吉对于如何创建“学习型组织”，提出了以下五项修炼。

（1）第一项修炼——自我超越。

（2）第二项修炼——改善心智模式。

（3）第三项修炼——共同愿景。

（4）第四项修炼——团队学习。

（5）第五项修炼——系统思考。

25. 答案及解析：A。我国政府流程再造的改革实践阶段包括三个阶段。

（1）初始阶段：效率政府建设时期。

（2）深化阶段：整体性政府建设时期。

（3）突破阶段：智慧政府建设时期。

二、多项选择题

26. 答案及解析：ABC。卡梅伦“开放公共服务”改革的具体做法如下。

（1）去中心化。

（2）分权治理。

（3）强化问责。

27. 答案及解析：ABCD。组织激励的作用如下。

（1）吸引优秀的人才。

（2）调动员工的积极性。

（3）留住优秀人才。

（4）增强组织的凝聚力。

可简记为“人才增调”。

28. 答案及解析：ABC。行政组织体制的分类如下。

（1）根据中央行政组织与地方行政组织权力分配关系的不同，行政组织体制可分为集权制、分权制与均权制。

（2）根据行政组织中掌握最高决策权的人数多寡，行政组织体制可分为首长制、委员会制与混合制。

（3）根据行政组织中同一层级的各个行政部门所隶属领导的不同，行政组织体制可分为完整制与分离制。

（4）根据城市政府行政首长的产生及职权不同，在美国行政组织体制中还出现了名誉市长制与市经理制这两种新体制。

29. 答案及解析：ACDE。著名的管理学家彼得·德鲁克认为目标管理是“目标”与“管理”的结合。目标管理中的“目标”需要具备三个属性：目标是什么，目标如何排序，选择实现目标的策略。目标管理中的“管理”需要具备四个属性：目标认知，责任与权力，资源整合，目标决策。

30. 答案及解析：AC。根据赫茨伯格的双因素理论，在调动员工积极性方面，可以分别采用以下两种基本做法。

（1）直接满足：又称为工作任务以内的满足。它是一个人通过工作所获得的满足，这种满足是通过工作本身和工作过程中人与人的关系得到的。

（2）间接满足：又称为工作任务以外的满足。这种满足不是从工作本身获得的，而是在工作以后获得的。

31. 答案及解析：BCDE。在 1949 年中华人民共和国成立初期，地方行政组织有大区、省、县、乡四级。1954 年第一次全国人民代表大会颁布了我国第一部宪法，并通过了“地方组织法”。按照宪法和地方组织法规定，中华人民共和国地方行政组织有省、县、乡三个层级，撤销了大区行政组织。

三、简答题

32. 答案：

（1）研究行政组织理论是为了建立具有中国特色的行政组织理论体系。

（2）研究行政组织理论是实现行政组织科学化、法治化和现代化的需要，是社会健康发展的需要。

（3）研究行政组织理论是我国当前行政组织改革的需要，它可以为行政组织改革的实践提供理论上的指导。

（4）研究行政组织理论是优化行政工作人员的素质、提高其管理水平和工作能力的需要。

33. 答案：

（1）立法权与行政权相对分离，行政权受到立法权的制约。

（2）中世纪末期，随着专制王权的确立，宫廷的内务组织演变成全国的中央行政组织。

（3）地方行政组织较奴隶制时期有很大的发展。

（4）王权与教权的关系十分密切，它们之间既有斗争又有合作。

34. 答案：

（1）专业化。

（2）层级化。

（3）规则化。

（4）非人格化。

（5）技术化。

35. 答案：

（1）工人是“社会人”而不是“经济人”。

（2）企业中存在“非正式组织”。

（3）满足工人的社会欲望，提高工人的士气，是提高生产效率的关键。

（4）采用新型的领导方法。

36. 答案：

（1）组织目标对于组织成员的活动具有公共指向性。

（2）组织目标代表着一种未来状态。

（3）实现组织目标需要投入特定资源。

（4）组织目标具有评估组织及其成员绩效的工具作用。

四、论述题

37. 答案：

（1）网络型组织是企业及社会组织之间的一种制度安排。

（2）其形成具有很强的自组织性。

（3）信息技术在网络型组织中至关重要。

（4）交互作用的网络关系能够达到价值和能力的互补。

（5）网络结点及其联结方式具有多样性和层次性。

（6）具有动态开放性、创新性和边界模糊性。

（7）组织成员具有共同目标。

（8）自学习性是其生存发展的重要源泉。

（9）信任与协调是其运行的基本保障。

（10）强调以客户需求为导向。

（11）网络型组织是超越了法人实体的多边联系。

38. 答案：

（1）时代背景：传统科层制组织模式逐渐不适应时代发展的步伐。

（2）物质基础：新技术革命带来了客观环境的巨大飞跃。

（3）理论基础：相关学科理论萌生了学习型组织理论的胚芽。

（4）管理理念：从“物本”管理到“人本”管理。

（5）社会风潮：“学习成风”，终身教育、终身学习等观念渐成主流。

（6）人文条件：社会价值观由“物质主义”转变为“后物质主义”。

五、材料分析题

39.（1）答案：

该市加强城建工作的做法之所以事与愿违，主要是没有遵循行政组织设置的统一原则、系统原则、效能原则、法治原则、服务原则和职能原则等。

（2）答案：

要解决案例中机构设置的问题，要做到以下几点。

①要坚持统一原则，机构设置要统一，领导指挥要统一，职责与职权要统一。

②坚持效能原则，机构和人员编制要尽量精简，专业化分工，简化办事程序。

③坚持系统原则，保持整体功能，保持组织平衡和开放，形成封闭回路。

④坚持法治原则，机构设置要有法律依据和保障，设置和变革要依照法定的程序进行。

模拟卷（二）

（课程代码：00319）

请考生按规定用笔将所有试题的答案涂、写在答题纸上。

注意事项：

1. 答题前，考生务必将自己的考试课程名称、姓名、准考证号用黑色字迹的签字笔或钢笔填写在答题纸规定的位置上。
2. 每小题选出答案后，用2B铅笔把答题纸上对应题目的答案标号涂黑。如需改动，用橡皮擦干净后，再选涂其他答案标号。不能答在试题卷上。

第一部分　选择题

一、单项选择题（本大题共25小题，每小题1分，共25分）

1. 在行政组织的功能中，最集中地体现了国家阶级性质的是（　　）

A. 政治功能　　B. 经济功能
C. 文化功能　　D. 社会功能

2. 行政组织存在的前提和基础是（　　）

A. 目标　　B. 物质
C. 人员　　D. 经费

3. 结构的研究方法在行政组织研究中经常被采用，又被称为（　　）

A. 动态的研究方法　　B. 系统分析的方法
C. 阶级分析的方法　　D. 静态的研究方法

4. 既是实行三权分立制度最典型，又是总统制特征最突出的国家是（　　）

A. 美国　　B. 德国
C. 俄罗斯　　D. 日本

5. 英国的内阁首脑是（　　）

A. 英王　　B. 首相
C. 枢密大臣　　D. 外交大臣

6. 宋朝时，最高一级地方政权称为（　　）

A. 州　　B. 郡
C. 路　　D. 省

7. 1912年南京临时政府成立时采取的是（　　）

A. 委员会制　　B. 总统制
C. 混合制　　D. 内阁制

8. 科层制组织走向成熟的直接原因是（　　）

A. 工匠精神　　B. 新教精神

C. 社会分工　　D. 经济发展

9. 在下列组织中，效率最低的是（　　）

A. 传统型组织　　B. 魅力型组织

C. 理性型组织　　D. 合法型组织

10. 根据双因素理论，工作本身和工作内容方面的因素是指（　　）

A. 激励因素　　B. 保健因素

C. 心理因素　　D. 健康因素

11. 被誉为“现代管理理论之父”的是（　　）

A. 埃尔顿·梅奥　　B. 韦伯

C. 泰勒　　D. 巴纳德

12. 首先提出竞争战略理论的是（　　）

A. 迈克尔·波特　　B. 邓宁

C. 科斯　　D. 威廉姆森

13. 既是构成网络型组织的基本要件，又是建立网络型组织的前提的是（　　）

A. 结点　　B. 信息

C. 技术　　D. 目标

14. 行政组织往往在特定目标的作用下集合所掌握的资源，通过一定的方法和过程争取实现组织目标，这体现了行政组织目标的（　　）

A. 激励作用　　B. 导向作用

C. 整合作用　　D. 管理工具作用

15. 我国有关部门为了吸引和培养人才，推出了“百千万人才工程”等人才规划，这属于行政组织的（　　）

A. 战略目标　　B. 横向目标

C. 战术目标　　D. 消极目标

16. 既是行政组织存在和发展的根据和导向，又体现行政组织的宗旨和合法性的是（　　）

A. 外部目标　　B. 内部目标

C. 纵向目标　　D. 横向目标

17. 制定目标时采用在过去信息的基础上逐渐改变现状，以实现组织未来目标的方法是（　　）

A. 目标分解法　　B. 目标综合法

C. 资源规划法　　D. 目标滚动法

18. 行政组织结构纵向分工的基础是（　　）

A. 职能制
B. 统一制
C. 层级制
D. 会议制

19. 将行政组织分为国防、外交、财政等部门，其分类的标准是（　　）

A. 按管理程序划分
B. 按业务性质划分
C. 按管理对象划分
D. 按管理地区划分

20. 在西方国家中，宪法确立了地方自治管理的原则，但仍为高度集权体制的是（　　）

A. 法国
B. 英国
C. 美国
D. 德国

21. 中国行政组织的根本宗旨是（　　）

A. 提高行政效率
B. 为人民服务
C. 以经济建设为中心
D. 依法行政

22. 目标管理的基础和核心环节是（　　）

A. 制定目标
B. 执行目标
C. 检查成果
D. 反馈信息

23. 奥尔德弗认为，人们共存在三种核心的需要，其中不包括（　　）

A. 生存的需要
B. 相互关系的需要
C. 成长发展的需要
D. 地位的需要

24. 五项修炼的核心和基石是（　　）

A. 系统思考
B. 自我超越
C. 改善心智模式
D. 共同愿景

25. 西方国家中，推行市场化行政改革最早的国家是（　　）

A. 美国
B. 法国
C. 英国
D. 德国

二、多项选择题（本大题共 6 小题，每小题 2 分，共 12 分）

26. 20 世纪 70 年代以来，美国行政改革的背景是（　　）

A. 政府职能膨胀
B. 规制过多
C. 民主化浪潮
D. 信息技术发展
E. 国际环境的变化

27. 麦克利兰将组织中管理者的权力分为（　　）

A. 个人权力
B. 组织性权力
C. 职位性权力
D. 管理性权力
E. 需求性权力

28. 下列属于传统理论时期行政组织设置原则的是（　　）

A. 组织目标原则　　B. 指挥统一原则

C. 权责相称原则　　D. 授权原则

E. 专业分工原则

29. 下列属于分权制优点的是（　　）

A. 分权分工，可防止上级专断与个人独裁

B. 层级节制，指挥灵便，令行禁止，有利于提高效率

C. 有利于集中全国的人力、财力、物力用于重点建设

D. 可以有效满足地方对公共物品和服务的差异性需求

E. 地方政府能够因地制宜、灵活机动地处理本地事务

30. 下列选项中，属于内部管理扁平化措施的是（　　）

A. 业务拓展

B. 首席执行官职位的设立

C. 学习型组织建设

D. 企业再造

E. 内部营销

31. 从学科角度来看，下列有关行政组织理论与行政管理学关系正确的是（　　）

A. 行政组织理论是行政管理学的一个分支

B. 行政管理学先于行政组织理论而产生

C. 行政组织理论先于行政管理学而产生

D. 行政管理学是行政组织理论的专业基础理论

E. 行政管理学是从行政组织理论中分离并独立出来的

第二部分　非选择题

三、简答题（本大题共 5 小题，每小题 5 分，共 25 分）

32. 简述行政组织功能的有限性。

33. 简述科层制组织兴起的条件。

34. 简述构建网络型政府组织的措施。

35. 简述合理的行政组织结构的功能。

36. 简述市经理制的优点。

四、论述题（本大题共 2 小题，每小题 12 分，共 24 分）

37. 试述目标管理的优缺点，并结合实际谈谈在行政组织中开展目标管理需要注意的问题。

38. 试述麦克利兰认为的成就需要和工作绩效二者之间的关系。

五、材料分析题（本大题共 1 小题，共 14 分）

39. 2004 年，A 市西乡全面完成“镇改街道”改革，原农村社区转变为城市街区，但新问题也接踵而至：街道城管财政投入严重不足；街道城管综合执法大队承担了多达 21 项职能，但人员编制只有 40 多人，即使加上协管人员也不足 150 人，平均每平方千米不足两名执法人员；作为政府部门的城管是按照机关正常时间上下班的，但乱摆摊、乞讨等现象多数在城管下班后出现，由此导致管理出现“空档”。

2007 年，西乡街道开始城市管理改革的探索，将政府向市场购买服务作为改革的突破口。通过公开招投标，西乡街道办与 B 公司就城市街区专业化、一体化的综合管理服务事项签订了为期一年的合同，合同约定：

一、B 公司承担市政设施巡查、协助城市管理等 13 项原由城市管理部门负责的工作。

二、B 公司享有的权利与义务主要体现在 10 个方面，如自主开展各项管理经营活动、制定管理规章、不得损害第三者的合法权益、不能获取不当利益等。

三、B公司以自己的专业技术特长与设备，为市政管理与社会秩序管理提供GPS定位、信息传输等技术支持，参与行政处罚前的管理过程，但不享有行政处罚权。

四、在B公司履行合同所规定的城市管理职责发生难题时，街道办、城市管理部门则及时介入，依法处理。

这项改革经过一段时间的实践，该街区公共秩序趋于好转，行政成本有所降低，效果显著。

（1）西乡在城市管理改革之前，街道城管面临的主要问题是什么？

（2）从行政组织改革的角度来看，西乡城市管理改革主要采取的是什么方法？

（3）西乡的做法对行政组织改革有哪些启示？

模拟卷（二）答案及解析

一、单项选择题

1. 答案及解析：A。行政组织功能如下。

（1）政治功能：最集中地体现了国家的阶级性质，其核心问题是巩固国家政权。

（2）经济功能：是我国行政组织最主要、最基本的功能。

（3）文化功能：现阶段，我国政府的文化功能主要体现在精神文明建设上。

（4）社会功能：提供社会保障、促进公正的收入分配、控制人口增长和环境保护。

2. 答案及解析：A。目标是行政组织存在的前提和基础，决定着行政组织结构与体制的选择。

3. 答案及解析：D。静态的研究方法侧重于对行政组织结构、制度、规章和权力分配的研究，因而又被称为结构的研究方法。

4. 答案及解析：A。美国是联邦制国家，又是实行三权分立制最典型的国家，同时也是总统制特征最突出的国家。德国是议会共和制，日本是议会制君主立宪制，俄罗斯为半总统共和制，均不符合题意。

5. 答案及解析：B。英王是“虚位元首”。首相是内阁的首脑。内阁成员除首相外，还有外交大臣、国防大臣、财政大臣、枢密大臣、掌玺大臣以及大法官等。

6. 答案及解析：C。宋朝的地方行政组织有路、州、县三级。“路”是为加强中央对地方的控制而设的，路是以军政为主，也兼理民政，是地方最高一级政权。

7. 答案及解析：B。《临时政府组织大纲》是 1912 年元旦成立的中华民国政府的法律基础。临时政府采取总统制，总统为行政首脑。1912 年 3 月，南京临时政府公布了《中华民国临时约法》，按照资产阶级三权分立原则，重新设计政府，改总统制为参议院下的内阁制。

8. 答案及解析：B。新教精神不仅是促成现代资本主义产生的条件，也是科层制组织走向成熟的直接原因。科层制的出现是社会分工的结果。

9. 答案及解析：A。在基于三类权威类型（传统、魅力、法理）而形成的三类组织中，与传统权威相适应的组织的效率相对较差。与传统权威相适应的组织，即传统型组织。

10. 答案及解析：A。双因素理论的内容如下 。

（1）激励因素：属于工作本身和工作内容方面的因素，是指能带来积极态度、满意、自我实现和激励作用的因素，包括成就、赏识、挑战性的工作、责任和进步等五种因素。

（2）保健因素：属于工作环境和工作条件方面的因素，主要包括公司政策、管理措施、监督、人际关系、工作条件、工资和福利等。

11. 答案及解析：D。切斯特·巴纳德是美国组织理论家和行政学家，西方现代管理理论系统组织理论的创始人，被誉为“现代管理理论之父”。埃尔顿·梅奥——人际关系学说的创始人；韦伯——“组织理论之父”；泰勒——科学管理理论。

12. 答案及解析：A。美国哈佛商学院教授迈克尔·波特于1980年首先提出了竞争战略理论。共同管理经济是由英国的邓宁教授提出来的。交易成本的概念最早由科斯提出。威廉姆森等人在科斯交易成本理论的基础上，逐步形成了交易成本经济学。

13. 答案及解析：A。结点是构成网络型组织的基本要件，是建立网络型组织的前提。

14. 答案及解析：B。行政组织目标的作用如下。

（1）激励作用：它可以激励行政组织及其成员为了获取组织未来的发展而放弃对组织资源的即时消费。

（2）导向作用：组织往往是在特定目标的导向作用下集合所掌握的资源，通过一定的方法和过程而争取实现组织目标。

（3）整合作用：组织目标可以促使行政组织为了实现特定目标而有效整合起来。

（4）管理工具作用：围绕组织目标开展管理活动是一种有效地提高行政组织管理水平的工具。

15. 答案及解析：A。（举例说明）行政组织目标如下。

（1）战略目标：如"百千万人才工程"等，这些战略目标需要经过长期努力才能实现。

（2）横向目标：如各级教育行政主管部门需要针对新的教育动向制定管理目标。

（3）战术目标：如每年的公务员考试以及周期性的公务员培训。

（4）消极目标：如各级工商行政管理部门制定一些针对性强的法律法规并设定执法检查目标。

16. 答案及解析：A。外部目标是行政组织存在和发展的根据和导向，又是行政组织的宗旨和合法性所在。内部目标是行政组织实现外部目标的依托。纵向目标不是对原有目标的简单重复，而是具有方向上的发展性或传递性。横向目标是对行政组织原有目标的范围或内涵的超越。

17. 答案及解析：D。制定组织目标的方法与技术如下。

（1）目标分解法：行政组织可以根据上级行政组织的目标与自身实际情况决定自身的目标。

（2）目标综合法：上级行政组织可以通过采集下级行政组织的目标的方法制定自身的目标。

（3）资源规划法：最大化利用组织所掌握的资源，寻找实现组织目标效率最高的资源配置方法。

（4）目标滚动法：在实现组织发展的同时又尽可能地回避风险，在过去信息的基础上逐渐改变现状、实现组织的未来目标。

18. 答案及解析：C。行政组织的宏观纵向分工反映不同层级政府之间的分工。行政组织的纵向分工，即以层级制为基础的垂直分工。

19. 答案及解析：B。行政组织横向分工的种类，一般常用的有四种。

（1）按业务性质分工：把行政组织分为外交、财政、国防等部门。

（2）按管理程序分工：根据程序划分行政咨询部门、领导决策部门、执行部门、信息部门和监督部门等。

（3）按管理对象分工：分为农业农村部、交通运输部等。

（4）按地区分工：按地区分部化，从不同层级看，是纵向分工；从同一层级看，各地方行政组织之间的关系属平行的地区横向分工，这是宏观的地区分部化。

20. 答案及解析：A。法国是实行集权制较为典型的国家。虽然法国宪法确立了地方自治管理的原则，但其仍为高度集权体制的国家。美国实行的联邦制国家结构形式，属于典型的分权制，其州政府的自主权很大。选项 BD 是否实行集权制在教材中未明确提及。

21. 答案及解析：B。为人民服务是我国行政组织设置的根本宗旨，要求将为人民谋利益作为组织设置与组织全部活动的出发点和归宿。

22. 答案及解析：A。目标管理的方法：制定目标、执行目标、检查成果、反馈。制定一个切实可行、科学合理的行政组织目标是目标管理中基础和核心的环节。

23. 答案及解析: D。1969 年，奥尔德弗提出了 ERG 理论，对马斯洛理论的局限性进行了修正。奥尔德弗认为，人们共存在三种核心的需要，即生存的需要、相互关系的需要和成长发展的需要。

24. 答案及解析：A。彼得·圣吉对于如何创建"学习型组织"，提出了五项修炼。

（1）第一项修炼——自我超越。

（2）第二项修炼——改善心智模式。

（3）第三项修炼——共同愿景。

（4）第四项修炼——团队学习。

（5）第五项修炼——系统思考。其中，系统思考是五项修炼的核心和基石，它提供了一种完善的思维方式。

25. 答案及解析：C。英国是推行市场化行政改革最早的国家，可以说，它是当代西方行政改革的先驱。英国行政改革的特点包括注重学习私营企业经验，注重循序渐进，方案具有针对性和操作性。

二、多项选择题

26. 答案及解析：ABDE。美国行政组织改革的背景是：

（1）从第二次世界大战后到 20 世纪 70 年代末，美国政府行政职能的扩张引起公众的不满。

（2）美国政府规制过多过滥，抑制了组织及其工作人员的积极性和创造性。

（3）信息技术的发展为行政组织的变革创造了有利条件。

（4）国际环境的变化也促使美国行政组织出现了一些新变化。

27. 答案及解析：AC。麦克利兰将组织中管理者的权力分为两种。

（1）个人权力：追求个人权力的人表现出来的特征是围绕个人需求行使权力，在工作中需要及时的反馈和倾向于自己亲自操作。

（2）职位性权力：职位性权力要求管理者与组织共同发展，自觉地接受约束，从体验行使权力的过程中得到一种满足。

28. 答案及解析：ABCDE。传统理论时期的行政组织设置原则有：组织目标的原则，指挥统一的原则，层级节制与幅度适中的原则，权责相称的原则，授权的原则，专业分工的原则，精简节约的原则。

29. 答案及解析：ADE。分权制的优点如下。

（1）地方政府能够因地制宜、灵活机动地处理本地事务。

（2）分权分工，可防止上级专断与个人独裁。

（3）分级治事，符合民主原则，可发挥下级人员的主动性，激发其责任心，培养其独立工作能力。

（4）可以有效满足地方对公共物品和服务的差异性需求。

（5）有利于发挥地方国家权力机关对地方政府的监督作用，培育公民的参与精神，完善对地方政府的监督机制。

选项 BC 属于集权制的内容。

30. 答案及解析：BCDE。内部管理扁平化，即合理地压缩管理层级，将原来仅在垂直通道内流动的信息与知识尽可能地扩散到水平层次，通过内部网络实现信息与知识的迅速传播。企业实行内部管理扁平化的例子如下。

（1）内部营销。

（2）企业再造。

（3）学习型组织建设。

（4）首席执行官职位的设立。

31. 答案及解析：ABD。行政组织理论与行政管理学的关系如下。

（1）行政组织理论是行政管理学的一个分支。

（2）行政管理学是行政组织理论的专业基础理论。

（3）行政管理学先于行政组织理论产生。

（4）行政组织理论是从行政管理学中独立出来的。

三、简答题

32. 答案：

（1）行政组织功能发挥的领域和程度要以社会需要为限。

（2）凡是私人生活领域，只要不触犯刑律，行政组织就不应干预。

（3）行政组织功能发挥要以法律为依据。

（4）行政组织自身的能力也是有限的，它不可能永远正确，也没有力量对社会事务包揽无遗。

33. 答案：

（1）社会分工的出现。

（2）货币经济的存在。

（3）大众化教育的普及。

（4）理性精神的普遍认可。

34. 答案：

（1）确定使命与战略。

（2）启动战略。

（3）选择参与者。

（4）确定正确的组织模式。

35. 答案：

（1）能有效地满足行政组织目标的需要。

（2）有利于稳定工作人员的情绪，调动积极性。

（3）能使组织保持良好的沟通关系。

（4）是提高行政效率的前提条件。

（5）有助于推动行政方式的创新。

36. 答案：

（1）有一个统一而高度负责的行政首长，便于统一指挥，提高行政工作效率。

（2）行政首长由市政专家担任，有利于提高城市管理的科学化水平。

（3）市经理对民选的市委员会负责，市委员会对选民负责，使得专家的特长与选民的意志得以较好的结合。

四、论述题

37. 答案：

（1）目标管理的优点：奖励作用明显；管理成本低；资源配置效率高；有利于组织发展。缺点：容易偏重于短期目标；设置目标存在困难；管理权变性差；容易导致管理缝隙。

（2）需要注意的问题：适于目标管理的组织与情势；组织的成熟度与组织成员的素质；合理组合组织目标。

38. 答案：

第一，具有高成就需要的人更喜欢具有个人责任、能独立负责、能够获得信息反馈和适度的冒险性的工作环境，例如进行创业、管理大型组织中的一个独立部门等。他们会从这种环境中获得高度的激励。

第二，具有高成就需要者不一定是优秀的管理者，因为，高成就需要者感兴趣的是个人如何做好，而不是如何影响其他人做好。

第三，友好需要和权力需要与管理者的成功有密切关系。最优秀的管理者有着高权力需要和低友好需要。

第四，员工的成就需要可以通过培训来激发。管理者可以通过直接选拔的方式找到一名高成就需求者，或者通过培训的方式培养自己原有的下属。

五、材料分析题

39.（1）答案：

行政组织的财权与事权不匹配；政府职能与人员编制不匹配；管理方式僵化，缺乏弹性。

（2）答案：

主要采取市场化管理的方法，政府与企业签订城市管理委托合同，向企业购买服务。

（3）答案：

引进市场竞争机制，打破政府对公共服务的垄断；构建公私合作模式，发挥其他主体在城市管理中的作用；强调合同化管理，明晰双方的权利与义务。